Foto: Sheila J. McNeill Ingham

PRIMATAS E FILÓSOFOS

PRIMATAS E FILÓSOFOS

COMO A MORALIDADE EVOLUIU

FRANS DE WAAL

COMENTARISTAS
**ROBERT WRIGHT
CHRISTINE M. KORSGAARD
PHILIP KITCHER
PETER SINGER**

EDIÇÃO E INTRODUÇÃO
Stephen Macedo e Josiah Ober

TRADUÇÃO
Maria Eugênia de Oliveira Vianna

Palas Athena

Título original: *Primates and Philosophers: How Morality Evolved*
Copyright © 2006 by Princeton University Press

Grafia segundo o Acordo Ortográfico da Língua Portuguesa de 1990, que entrou em vigor em 2009.

COORDENAÇÃO EDITORIAL: **Lia Diskin**
REVISÃO TÉCNICA: **Sheila J. McNeill Ingham**
PREPARAÇÃO DE ORIGINAIS: **Lídia La Marck e Neusa M. Valério**
REVISÃO DE PROVAS: **Rejane Moura**
CAPA, PROJETO GRÁFICO, ARTE FINAL, PRODUÇÃO E DIAGRAMAÇÃO: **Jonas Gonçalves**
IMAGENS DE ABERTURA DOS CAPÍTULOS: **Sheila J. McNeill Ingham**

Dados Internacionais de Catalogação na Publicação (CIP)
(Câmara Brasileira do Livro, SP, Brasil)

Primatas e filósofos : como a moralidade evoluiu / Frans de Waal ... [et al.] ; edição e introdução Stephen Macedo e Josiah Ober ; tradução Maria Eugênia de Oliveira Vianna. – São Paulo : Palas Athena Editora, 2020.

Outros autores: Robert Wright, Christine M. Korsgaard, Philip Kitcher, Peter Singer
Título original: Primates and philosophers : how morality evolved
ISBN 978-65-86864-00-7

1. Antropologia 2. Comportamento altruísta em animais 3. Evolução 4. Filosofia (Ética) 5. Primatas – Comportamento I. Waal, Frans de. II. Wright, Robert III. Korsgaard, Christine M.. IV. Kitcher, Philip. V. Singer, Peter. VI. Macedo, Stephen. VI. Ober, Josiah.

20-35388   CDD-171.7

Índices para catálogo sistemático:
1. Ética primata 171.7
Maria Alice Ferreira - Bibliotecária - CRB-8/7964

2ª edição, março de 2023

Todos os direitos reservados e protegidos pela Lei 9.610 de 19 de fevereiro de 1998. É proibida a reprodução total ou parcial, por quaisquer meios, sem a autorização prévia, por escrito, da Editora.

Direitos adquiridos para a língua portuguesa por Palas Athena Editora.

Alameda Lorena, 355 – Jardim Paulista
01424-001 – São Paulo, SP – Brasil
Fone (11) 3050-6188
www.palasathena.org.br - editora@palasathena.org.br
@associacaopalasathena

SUMÁRIO

11   **AGRADECIMENTOS**

13   **INTRODUÇÃO**
JOSIAH OBER E STEPHEN MACEDO

27   **PARTE I: FRANS DE WAAL**
SERES MORALMENTE EVOLUÍDOS: INSTINTOS SOCIAIS DOS PRIMATAS, MORALIDADE HUMANA E ASCENSÃO E QUEDA DA "TEORIA DO REVESTIMENTO"

87   **APÊNDICE A:** ANTROPOMORFISMO E ANTROPONEGAÇÃO

97   **APÊNDICE B:** OS SÍMIOS TÊM UMA TEORIA DA MENTE?

103   **APÊNDICE C:** DIREITOS DOS ANIMAIS

111   **PARTE II: COMENTÁRIOS**

113   **OS USOS DO ANTROPOMORFISMO**
ROBERT WRIGHT

129   **MORALIDADE E SINGULARIDADE DA AÇÃO HUMANA**
CHRISTINE M. KORSGAARD

151 **ÉTICA E EVOLUÇÃO:** COMO CHEGAR AQUI A PARTIR DALI
PHILIP KITCHER

171 **MORALIDADE, RAZÃO E DIREITOS DOS ANIMAIS**
PETER SINGER

191 <u>**PARTE III: RESPOSTAS AOS COMENTÁRIOS**</u>

193 **A TORRE DA MORALIDADE**
FRANS DE WAAL

215 <u>**REFERÊNCIAS BIBLIOGRÁFICAS**</u>

235 <u>**AUTOR**</u>

237 <u>**COMENTARISTAS**</u>

241 <u>**ÍNDICE REMISSIVO**</u>

AGRADECIMENTOS

Gostaria de agradecer a Philip Kitcher, Christine M. Korsgaard, Richard Wrangham e Robert A. Wright, comentaristas nas Conferências Tanner que apresentei na Universidade de Princenton em novembro de 2003. Agradeço também a Peter Singer por suas observações reproduzidas nesta publicação, e a Stephen Macedo e Josiah Ober por sua apresentação. Sou grato à Tanner Foundation, que promove a Série de Conferências Tanner; à Princeton University Press, com agradecimentos especiais a Sam Elworthy e Jodi Beder, editor e revisora; e à equipe do Centro de Valores Humanos, que organizou as conferências e auxiliou a coordenar a produção deste livro – a seu diretor Stephen Macedo; a seu ex-diretor Will Gallaher, e ao diretor assistente Jan Logan. Por último, sou grato ao Centro Nacional de Pesquisa de Primatas de Yerkes da Emory University, em Atlanta, Geórgia, e a outros centros e zoológicos onde realizo pesquisas, bem como a todos os meus muitos colaboradores e estudantes de graduação pela ajuda na coleta dos dados apresentados aqui.

Frans de Waal
Março de 2006

INTRODUÇÃO

JOSIAH OBER E STEPHEN MACEDO

Nas Conferências Tanner sobre Valores Humanos, que se tornaram protagonistas deste livro, Frans de Waal traz décadas de seu trabalho com primatas e de seu hábito de pensar profundamente sobre o significado da evolução para relacioná-los com uma questão fundamental sobre a moralidade humana. Três filósofos renomados e um estudioso proeminente da psicologia evolucionista respondem ao modo como ele expressa a pergunta e à conclusão a que chegou. Seus textos denotam apreço ao esforço que Frans de Waal dedica a essa tarefa, ao mesmo tempo que tecem críticas a algumas de suas conclusões. Frans de Waal, por sua vez, responde a seus críticos na terceira parte deste livro. Embora haja uma discordância considerável entre os cinco pensadores sobre a pergunta a formular e sua resposta, eles compartilham de muitos fundamentos. Em primeiro lugar, todos os colaboradores deste livro aceitam a visão científica tradicional da evolução biológica decorrente da seleção natural aleatória. Nenhum deles sugere que haja alguma razão para supor que os seres humanos sejam diferentes de outros animais em sua essência metafísica ou, pelo menos, nenhum deles fundamenta seus argumentos na ideia de que apenas os seres humanos possuam uma alma transcendente.

Uma segunda premissa importante, compartilhada por Frans de Waal e todos os quatro comentaristas, é que a bondade moral é algo real, sobre o qual é possível estabelecer premissas verdadeiras. A bondade requer, no mínimo, que as outras pessoas sejam levadas em consideração de modo apropriado. A maldade, da mesma forma, implica o tipo de egoísmo que nos leva a tratar os outros de modo inapropriado, ao ignorar seus interesses ou a tratá-los como meros instrumentos. As duas premissas básicas da ciência evolucionista e da realidade moral estabelecem os limites do debate sobre as origens da bondade, como são apresentadas neste livro. Isso significa que os indivíduos religiosos comprometidos com a ideia de que apenas os seres humanos foram dotados de atributos especiais (incluindo um senso moral) por graça divina não participam da discussão aqui apresentada. Também não participam os cientistas sociais que adotam uma versão da teoria do agente racional, que considera a essência da natureza humana como uma tendência irredutível a preferir o egoísmo (parasitismo, trapaça) à cooperação voluntária. Por fim, tampouco envolvem-se neste debate os relativistas morais, que acreditam que uma ação pode ser julgada como certa ou errada unicamente no âmbito local, com referência a considerações contextuais e contingentes. Assim, o que se oferece neste livro é uma interlocução entre cinco estudiosos que concordam em algumas questões básicas sobre ciência e moralidade. É uma troca de ideias séria e animada de um grupo de pensadores comprometidos genuinamente com o valor e a validade da ciência e com o valor e a realidade da moralidade em relação ao outro.

A questão que Frans de Waal e seus comentaristas procuram abordar é a seguinte: considerando que existem fortes razões científicas para supor que o egoísmo (pelo menos no nível genético) seja o mecanismo primário de seleção natural, como nós, humanos, viemos a nos tornar tão fortemente apegados ao valor da bondade? Dito de outro modo, por que não pensamos que é bom ser mau? Para os que acreditam que a moralidade é algo real, mas que não pode ser explicada ou justificada recorrendo tão só à presunção teológica de que uma propensão humana singular à bondade é produto da graça divina, esse é um assunto difícil e importante.

O objetivo de Frans de Waal é contestar um conjunto de respostas dadas à sua pergunta "De onde provém a moralidade?", respostas que ele descreve como "teoria do revestimento" – o argumento de que a moralidade seria apenas um fino revestimento sobreposto a um núcleo amoral ou imoral. Ele menciona que a teoria do revestimento é aceita amplamente (ou pelo menos o foi até há pouco tempo). Seu principal alvo é Thomas Huxley, cientista conhecido como "cão de guarda de Darwin" pela feroz defesa que fazia da teoria da evolução de Darwin contra seus detratores no final do século XIX. Frans de Waal alega que Huxley traiu seus próprios compromissos darwinianos ao preconizar a ideia da moralidade como "o cultivo de um jardim" – batalha constante contra as ervas daninhas viçosas do imoralismo que ameaçam sem parar a psique humana. Outros alvos da crítica de Frans de Waal são alguns teóricos do contrato social (sobretudo Thomas Hobbes), que partem da concepção de seres humanos como seres basicamente associais ou mesmo antissociais, assim como alguns biólogos evolucionistas que, na opinião dele, tendem a generalizar demais o papel aceito do egoísmo no processo de seleção natural.

Nenhum dos cinco escritores deste livro se identifica como um "teórico do revestimento" no sentido de Frans de Waal. Contudo, como os textos demonstram, tal teoria pode ser concebida de vários modos. Por isso, talvez seja útil descrever uma espécie de tipo ideal de teoria do revestimento, mesmo que isso implique o risco de construir uma falácia do espantalho. A teoria do revestimento do tipo ideal pressupõe que os seres humanos sejam bestiais por natureza e, portanto, maus – isto é, predominantemente egoístas – e deve-se esperar que assim se comportem, ou seja, que tratem os outros de modo inapropriado. Entretanto, é um fato observável que, pelo menos às vezes, os seres humanos se tratam bem e de modo adequado, como se fossem bons. Se, de acordo com o argumento, os seres humanos são basicamente maus, seu bom comportamento deve ser explicado como produto de um revestimento de moralidade sobreposto de forma misteriosa ao núcleo natural maligno. A objeção principal de Frans de Waal é que a teoria do revestimento não pode identificar a *origem* desse revestimento de bondade. O revestimento é alguma coisa que parece existir fora da natureza, e assim deve ser rejeitado como mito por quem esteja comprometido com uma explicação científica dos fenômenos naturais.

Se a teoria do revestimento da bondade moral se baseia em um mito, o fenômeno da bondade humana deverá ser explicado de algum outro modo. Frans de Waal começa retornando à premissa inicial e sugere que os seres humanos são bons por natureza. Nossa "boa natureza" é transmitida por herança, como muitas outras coisas, por nossos ancestrais não humanos mediante o já conhecido processo darwiniano da seleção natural. Para testar essa premissa, ele nos convida a examinar cuidadosamente o comportamento de nossos parentes não humanos mais próximos – primeiro os chimpanzés, depois outros primatas de parentesco mais distante com os seres humanos e, por fim, os animais sociais não primatas. Se esses nossos parentes mais próximos agem de fato como se fossem bons, e se nós humanos também agimos como se fôssemos bons, o princípio metodológico da parcimônia nos impele a supor que a bondade seja real, que a motivação da bondade seja natural e que a moralidade dos humanos e de seus parentes tenha uma origem comum.

Embora a bondade comportamental humana seja mais plenamente desenvolvida do que a não humana, de acordo com Frans de Waal a moralidade não humana mais simples deve ser, em um sentido substancial, considerada o *alicerce* da moralidade humana mais complexa. As evidências empíricas da sua teoria "antirrevestimento", que associa a moralidade humana e a não humana, consistem em observações cuidadosas do comportamento dos parentes dos seres humanos. Ele tem dedicado sua longa e muito bem-sucedida carreira à observação minuciosa do comportamento de primatas, tendo visto e registrado muitos exemplos de bondade. Durante o processo, desenvolveu um imenso respeito e afeição pelos sujeitos de seus estudos. Parte do prazer de ler os escritos de Frans de Waal sobre primatas – prazer que irradia em cada um dos textos dos comentaristas – é sua alegria evidente ao trabalhar durante anos com chimpanzés, bonobos e macacos-prego e sua atitude de considerá-los seus colaboradores em um empreendimento significativo.

O autor conclui que a capacidade humana de agir bem pelo menos às vezes, em vez de agir mal o tempo todo, tem suas origens evolutivas nas emoções que compartilhamos com outros animais – em respostas involuntárias (não escolhidas, pré-racionais) e óbvias no aspecto fisiológico (portanto, observáveis) às circunstâncias dos outros. Uma forma fundamental de resposta emocional é a empatia. Ele explica que a reação empática é, em primeira instância, uma questão de "contágio emocional". O indivíduo A identifica-se diretamente com as circunstâncias do indivíduo B, chegando, por assim dizer, a "sentir a dor do indivíduo B". Neste nível, a empatia ainda é em certo sentido egoísta, pois A procura confortar B porque A sente a dor de B e está, ele mesmo, procurando conforto. Mas, em um nível mais avançado, a empatia emocional pode produzir o comportamento compassivo, isto é, o reconhecimento de que B tem desejos ou necessidades específicas em determinada situação, que são diferentes daqueles do indivíduo A. Frans de Waal cita o exemplo encantador e eloquente de um chimpanzé que tenta ajudar um pássaro ferido a voar. Como voar é uma ação que o próprio chimpanzé obviamente nunca poderá realizar, o símio está respondendo às necessidades específicas do pássaro e a seu modo distinto de existir no mundo.

O contágio emocional é observado comumente em muitas espécies, enquanto o comportamento compassivo é observado apenas em determinadas espécies de grandes símios[1]. Entre as respostas emocionais correlatas que resultam em bom comportamento, estão o altruísmo recíproco e talvez um senso de equidade, embora este ainda continue a ser contestado (como Philip Kitcher salienta). Outra vez, as formas mais complexas e sofisticadas desses comportamentos motivados pela emoção, como diz Frans de Waal, são observadas exclusivamente nos símios e em outras poucas espécies – elefantes, golfinhos e macacos-prego.

Ele argumenta que as respostas emocionais são a base da moralidade humana. O comportamento moral humano é bem mais elaborado do que o de qualquer animal não humano, mas, na sua opinião, é *contínuo* ao comportamento não humano, assim como o comportamento compassivo em chimpanzés é mais elaborado do que o contágio emocional em outros animais, mas é contínuo a ele. Considerando essa continuidade da natureza boa, não há necessidade de imaginar a moralidade como sobreposta misteriosamente

---

[1] *Ape*, palavra inglesa que não possui termo correspondente na língua portuguesa. Encontramos as seguintes traduções: grandes símios (neste livro, usamos grandes símios ou simplesmente símios); macacos sem rabo; grandes primatas, ou grandes macacos. Trata-se de um grupo de primatas (*apes* ou tecnicamente, hominóides) composto pelos humanos, chimpanzés, bonobos, gorilas, orangotangos. Somos animais muito próximos evolutivamente, sendo que o chimpanzé compartilha conosco cerca de 98,6% do DNA. [N. da R. T.]

a um núcleo imoral. Frans de Waal convida a nos imaginar não como anões de jardim de feitos de argila maciça e recobertos por um delgado revestimento de tintas berrantes, mas como "bonecas russas" – nosso eu moral externo é ontologicamente contínuo a uma série aninhada de "eus pré-humanos" internos. E em todas as bonecas, até a minúscula bonequinha bem no centro, esses eus são homogeneamente "bons por natureza".

Como o vigor das respostas dos comentaristas demonstra, a concepção de Frans de Waal acerca das origens e da natureza da moralidade humana é desafiadora. Cada um dos interlocutores concorda com ele que uma teoria do revestimento ideal não desperta interesse em uma primeira avaliação, entretanto mostra seu desacordo sobre o significado exato da teoria do revestimento, ou se qualquer pessoa razoável poderia apoiá-la, pelo menos na forma tão robusta esboçada previamente. Ainda assim, ao final, cada um dos comentaristas desenvolveu algo que poderia ser descrito como um primo distante da teoria do revestimento. Robert Wright é franco sobre isso, definindo sua posição como "teoria do revestimento naturalista". De fato, como ressalta Peter Singer (p. 175), o próprio Frans de Waal fala, em um momento, de quão "frágil" é o esforço humano para estender o "círculo da moralidade" com o objetivo de incluir os indivíduos não pertencentes ao seu grupo ou comunidade – frase esta que parece sugerir que pelo menos determinadas formas de moralidade humana possam ser um tipo de revestimento.

A preocupação de Frans de Waal sobre até onde pode estender-se esse "círculo da moralidade" antes de se tornar frágil salienta a questão que leva seus comentaristas a traçar um limite claro entre moralidade humana e comportamento animal. É uma convicção firme dos comentaristas que a moralidade "genuína" (Kitcher) também deve ser universalizável. Esta convicção exclui os animais do âmbito dos seres genuinamente morais. Coloca-os "além do julgamento moral", nas palavras de Korsgaard, porque os animais não humanos não fazem de seu bom comportamento algo universal. A tendência à parcialidade a favor dos membros do grupo é uma constante em animais sociais não humanos. Deve-se admitir que a mesma tendência parcial pode ser endógena em humanos, como acredita Frans de Waal. E pode ser uma ameaça endêmica à moralidade humana, como argumenta Robert Wright. Entretanto, como ressaltam Kitcher, Korsgaard e Singer, a universalização do conjunto de seres (todas as pessoas ou, em Singer, todas as criaturas com interesses) a que se devem obrigações morais é tratada como *conceitualmente factível* para seres humanos (e como conceitualmente essencial para alguns humanos filósofos). E é posta em prática, pelo menos às vezes, por estes.

Cada comentarista formula uma pergunta semelhante, embora em registros filosóficos bastante distintos: se mesmo os animais não humanos mais avançados limitam comumente seu bom comportamento aos membros do grupo (familiares ou membros da comunidade), podemos considerar de fato seu comportamento como *moral*? E se a resposta for não (como cada um conclui), então devemos presumir que os seres humanos têm alguma capacidade que é *descontínua* em relação às capacidades naturais de todas as espécies não humanas. Frans de Waal reconhece a questão, observando (como Singer também sinaliza, p. 174): "É *apenas* quando fazemos julgamentos gerais imparciais que realmente podemos começar a falar de aprovação e desaprovação *moral*".

A descontinuidade de capacidade mais óbvia entre animais humanos e não humanos se dá na área da fala e do uso autoconsciente da razão, que associamos fortemente com o uso singular da linguagem pelos humanos. A capacidade da fala, o uso da linguagem e a razão estão ligados à cognição. Então, o que podemos dizer sobre a cognição não humana? Nenhum dos participantes desse debate supõe que qualquer outra espécie tenha a *mesma capacidade* cognitiva que têm os seres humanos, mas permanece a questão de saber se estes são os *únicos* capazes de raciocínio moral.

Nesse ponto do debate, a tarefa de definir *antropomorfismo* se torna uma questão acalorada; Wright, em particular, concentra-se na importância da questão do antropomorfismo. Frans de Waal é um defensor ardente e cuidadoso de uma versão crítica e parcimoniosa do antropomorfismo científico, que ele diferencia de modo perspicaz do antropomorfismo sentimental difuso, típico de grande parte da literatura popular sobre animais (ainda que encantadora). Nenhum dos quatro comentaristas pode ser caracterizado honestamente como defensor da "antroponegação" – termo usado por Frans de Waal para descrever a prática dos que, talvez por um horror estético da natureza, recusam-se a admitir as continuidades entre humanos e outros animais. Grande parte do debate entre filósofos e estudiosos do comportamento animal sobre a singularidade humana está centrada na questão de se algum animal não humano é capaz de desenvolver algo como uma teoria da mente, ou seja, se a capacidade de imaginar o conteúdo da mente de outro como diferente do nosso é algo específico humano. Existem alguns dados experimentais que podem corroborar ambos os lados da questão. Aos que duvidam, Frans de Waal responde observando que os chimpanzés podem reconhecer-se diante de um espelho (o que demonstra assim a autoconsciência, quase sempre pressuposta como uma condição precedente e necessária para a teoria da mente). Ele chama nossa atenção explicitamente sobre o antropocentrismo gritante ao se exigir que os símios sejam capazes de formular uma teoria própria de mentes *humanas*. No entanto, a questão da teoria da mente não humana continua em aberto; é óbvio que são necessárias novas pesquisas nessa área.

Kitcher e Korsgaard distinguem claramente o comportamento animal motivado pelas emoções e a moralidade humana que, argumentam eles, deve basear-se na característica autoconsciente cognitiva sobre o que é adequado na linha de ação de si próprio. Kitcher define o limite ao converter as teorias do espectador de Hume e Smith em um tipo de autoconsciência que requer a fala. Korsgaard recorre à concepção de Kant de autogoverno autônomo como fundamento necessário da moralidade genuína. Tanto Kitcher quanto Korskgaard descrevem animais não humanos como seres "caprichosos", servindo-se de um conceito desenvolvido em outros contextos pelo filósofo da moral Harry Frankfurt. De acordo com ele, esses "caprichosos" não possuem um mecanismo que permita a discriminação consistente das várias motivações que, de vez em quando, os levam a agir. Desse modo, não se pode dizer que os "caprichosos" sejam guiados pelo raciocínio autoconsciente a respeito do que seja apropriado em suas ações propostas. Contudo, nesse ponto, cabe perguntar se Kitcher e Korskgaard estão estabelecendo o padrão de moralidade em um nível que a maioria das ações *humanas* não consegue alcançar. Cada filósofo oferece uma explicação autoconscientemente *normativa* da moralidade sobre como as pessoas devem agir, em vez de uma explicação *descritiva* sobre como a maioria de nós, de fato, age durante a maior parte do tempo. Se a maioria dos seres humanos, em seu comportamento diário, age de forma gratuita e sem propósito, a afirmação de que todos os animais não humanos também agem dessa forma é amenizada.

A mesma questão surge na discussão de Singer sobre o que os filósofos da moral chamam de "dilema do bonde". A preocupação consequencialista de Singer com a agregação de interesses leva-o a afirmar que a razão moral demanda que, nas circunstâncias corretas, um indivíduo deve empurrar uma pessoa na frente de um bonde desgovernado para salvar outras cinco (a premissa é que o próprio corpo do indivíduo é muito leve para fazer o bonde parar, ao passo que o corpo da pessoa que é empurrada ganha massa suficiente). Singer faz alusão a exames de neuroimagem realizados enquanto os indivíduos respondiam à pergunta de como se deveria agir na situação de "matar um para salvar cinco". Aqueles que respondem que *não* se deve matar nessa situação fazem julgamentos rápidos, e sua atividade cerebral no momento da decisão concentra-se nas áreas associadas à emoção. Por outro lado, os indivíduos que dizem que se deve matar manifestam atividade aumentada nas regiões do cérebro associadas à cognição racional. Singer afirma que o que ele considera a resposta moralmente correta também é a resposta cognitivamente racional. Contudo, Singer também reconhece que os que dão a resposta correta são minoria: a *maioria* dos indivíduos *não* diz que escolheria agir pessoalmente para matar um indivíduo com o objetivo de salvar outros cinco. Singer não cita nenhum caso de alguém que *de fato* tenha empurrado os outros na frente um bonde.

Ocorre que as evidências quantitativas e qualitativas da resposta emocional dos primatas que Frans de Waal apresenta baseiam-se *inteiramente* em observações do comportamento real. Ele tem de basear sua explicação da moralidade dos primatas em como eles agem de fato, porque ele não tem acesso às suas histórias "de como as coisas deveriam ser", isto é, histórias do que a razão moral poderia idealmente exigir deles ou como eles supõem que devam agir em uma situação hipotética. Assim, parece haver o risco de comparar maçãs com laranjas: comparar o *comportamento* dos primatas (com base na observação quantitativa e qualitativa) com os *ideais normativos* humanos. Sem dúvida, os críticos de Frans de Waal podem responder que a diferença entre as situações comparadas é precisamente a seguinte: os animais não humanos não fazem conjecturas de como devem agir, e, de fato, não fazem conjecturas de qualquer tipo, porque eles não possuem a capacidade da fala, a linguagem e a razão.

Os animais não humanos não podem enunciar ideais normativos entre si ou para nós. Exigiria esse fato que definamos um limite entre os tipos de comportamento "moral" motivado pela emoção, que Frans de Waal e outros observam em primatas, e as ações morais "genuínas" baseadas na razão dos seres humanos? Se o editor deste livro soubesse a resposta correta a essa pergunta, ele saberia qual palavra na sentença anterior – "moral" ou "genuína" – deveria perder as aspas. Grande parte de nosso conhecimento sobre nós mesmos e sobre as outras espécies com as quais partilhamos o planeta depende dessa escolha. Um dos objetivos deste livro é estimular o leitor a refletir com cuidado sobre como ele usaria o lápis editorial imaginário; convidar cada um de vocês a assistir a essa e a outras discussões entre um grupo de pensadores que estuda seriamente e importa-se de modo apaixonado com o comportamento dos primatas, e um outro que do mesmo modo pensa seriamente e importa-se de forma apaixonada com a moralidade humana. A existência desta obra é uma prova de que esses dois grupos levantam questões que se sobrepõem parcialmente. Parte de nosso propósito é trabalhar para promover uma ampliação da comunhão de interesses e propiciar uma discussão profunda entre todos os que se ocupam com o bem e suas origens em animais humanos e não humanos.

Foto: Sheila J. McNeill Ingham

PARTE I

SERES MORALMENTE EVOLUÍDOS

Instintos sociais dos primatas, moralidade humana e ascensão e queda da "teoria do revestimento"

FRANS DE WAAL

"Aprovamos e desaprovamos porque não podemos fazer de outro modo. Podemos nos abster de sentir dor quando o fogo nos queima? Podemos nos abster de sentir compaixão por nossos amigos?"

EDWARD WESTERMARCK (1912 [1908], P. 19)

"Por que nossa maldade deveria ser a bagagem de um passado simiesco e nossa bondade unicamente humana? Por que não deveríamos ver continuidade com outros animais para nossos traços 'nobres' também?"

STEPHEN JAY GOULD (1980, P. 261)

Homo homini lupus – "O homem é o lobo do homem" – é um provérbio romano antigo, popularizado por Thomas Hobbes. Ainda que seu princípio básico permeie grande parte do direito, da economia e da ciência política, o provérbio contém dois grandes defeitos. Em primeiro lugar, ele deixa de fazer justiça aos canídeos, que estão entre os mais gregários e cooperativos animais do planeta (Schleidt e Shalter, 2003). Mas, ainda pior, o ditado nega a natureza inerentemente social de nossa própria espécie.

A teoria do contrato social (e a civilização ocidental com ela) parece saturada da pressuposição de que somos criaturas associais e até perversas, e não o *zoon politikon* que Aristóteles via em nós. Hobbes rejeitou explicitamente a visão aristotélica ao propor que, no início, nossos ancestrais eram autônomos e combativos e, mais tarde, criaram a vida comunitária apenas quando o custo do conflito tornou-se insuportável. De acordo com Hobbes, a vida social nunca chegou a nós de maneira natural. Ele a via como um passo que demos de modo relutante e "mediante um pacto, o que é artificial" (Hobbes, 1991 [1651], p. 120). Há pouco tempo, Rawls (1972) propôs uma versão mais suave da mesma ideia, acrescentando que o passo da humanidade em direção à socialidade dependeu de condições de justiça, isto é, da possibilidade de cooperação mutuamente vantajosa entre iguais.

Essas ideias sobre a origem da sociedade bem ordenada continuam populares, ainda que a pressuposição subjacente de uma decisão racional de criaturas inerentemente associais seja insustentável à luz do que sabemos sobre a evolução de nossa espécie. Hobbes e Rawls criam a ilusão da sociedade humana como um acordo voluntário, com regras autoimpostas, acordadas por agentes livres e iguais. Contudo, nunca houve um momento em que nos tornamos sociais: descendemos de ancestrais muito sociais – uma longa linhagem de macacos e símios – e sempre vivemos em grupos. Nunca existiram pessoas livres e iguais. Os humanos começaram – se é que se pode sinalizar um ponto de partida – como seres interdependentes, unidos e desiguais. Descendemos de uma longa linhagem de animais hierárquicos para os quais a vida em grupo não é uma opção, mas sim uma estratégia de sobrevivência. Qualquer zoólogo classificaria nossa espécie como *obrigatoriamente gregária.*

Ter companheiros oferece imensas vantagens na localização de alimentos e evitação de predadores (Wrangham, 1980; van Schaik, 1983). Como os indivíduos orientados para o grupo deixam uma prole maior do que os menos inclinados socialmente (por exemplo, Silk et al., 2003), a socialidade tem se tornado ainda mais profundamente arraigada na biologia e na psicologia dos primatas. Por essa razão, se é que houve alguma decisão de constituir sociedades, o crédito deve ser dado à Mãe Natureza e não a nós.

Não se trata de rejeitar o valor heurístico da "posição original" de Rawls como um modo de nos levar a refletir sobre o tipo de sociedade em que *gostaríamos* de viver. Sua posição original refere-se a uma "situação puramente hipotética, caracterizada para conduzir a determinadas concepções de justiça" (Rawls, 1972, p. 12). Mas, mesmo que não aceitemos a posição original ao pé da letra e a adotemos para fins de argumentação, ela ainda se distancia da discussão mais pertinente a que deveríamos nos dedicar, que é, na verdade, como nós viemos a ser o que somos hoje. Que partes da natureza humana nos levaram por esse caminho e como essas partes foram modeladas pela evolução? Ao abordar um passado real, em vez de um hipotético, essas questões devem nos levar para mais perto da verdade: a de que somos intrinsecamente sociais.

Um bom exemplo da natureza plenamente social de nossa espécie é que, depois da pena de morte, o confinamento solitário é a punição mais grave em que podemos pensar. E isso funciona assim somente porque, é claro, não nascemos para ser solitários. Nossos corpos e mentes não são planejados para a vida sem os outros. Ficamos deprimidos por completo sem o apoio social: nossa saúde deteriora-se. Em um experimento recente, voluntários saudáveis expostos de propósito ao vírus do resfriado e da gripe adoeciam mais fácil se tivessem poucos amigos e familiares por perto (Cohen et al., 1997). Embora sejam as mulheres as que compreendem de maneira natural a primazia da conectividade – talvez porque durante 180 milhões de anos as fêmeas mamíferas com maior tendência ao cuidar reproduziram-se mais do que aquelas sem essa tendência –, isso mesmo pode ser aplicado aos homens. Na sociedade moderna, não há para os homens modo mais efetivo de ampliar sua expectativa de vida do que se casar e permanecer casado: sua chance de viver além dos 65 anos aumenta de 65 para 90% (Taylor, 2002).

Nossa natureza social é tão evidente que não seria necessário insistir nesse aspecto, a não ser por sua notória ausência de explicações sobre a origem da nossa espécie nas disciplinas de Direito, Economia e Ciência Política. A tendência no Ocidente de considerar a emoção como sinal de fraqueza e os vínculos sociais como desordenados levou os teóricos a voltarem-se à cognição como parâmetro preferido para o estudo do comportamento humano. Celebramos a racionalidade. Isso ocorre mesmo que as pesquisas psicológicas sugiram a primazia do afeto, isto é, que o comportamento humano deriva sobretudo de julgamentos emocionais rápidos e automatizados, e decorre apenas de maneira secundária de processos conscientes mais lentos (por exemplo, Zajonc, 1980, 1984; Bargh e Chartrand, 1999).

Infelizmente a ênfase dada à autonomia individual e à racionalidade, e o menosprezo correspondente das emoções e dos vínculos não se restringem às ciências humanas e sociais. Também no âmbito da biologia evolucionista alguns abraçaram a noção de que somos uma espécie autoinventada. No que se refere à moralidade humana, característica da sociedade humana, surgiu um debate paralelo acalorado que confronta razão e emoção. Uma escola considera a moralidade como uma inovação cultural alcançada por nossa espécie apenas. Essa escola não vê as tendências morais como parte integrante da natureza humana. Nossos ancestrais, afirma essa corrente, tornaram-se morais por escolha. A segunda escola, em contraposição, considera a moralidade como um produto direto dos instintos sociais que compartilhamos com outros animais. Na última visão, a moralidade não é nem peculiar a nós nem uma decisão consciente adotada em um período específico; é o produto da evolução social.

O primeiro ponto de vista presume que, no íntimo, não somos morais de fato. Ele considera a moralidade como uma camada cultural, um revestimento delgado que esconde uma natureza egoísta e brutal. Até recentemente, essa era a abordagem dominante da moralidade no âmbito da biologia evolucionista, assim como entre os escritores de divulgação científica que popularizaram esse tema. Usarei o termo "teoria do revestimento" para designar essas ideias, cuja origem é atribuída a Thomas Henry Huxley (embora obviamente já as encontramos na filosofia e na religião ocidentais, remontando ao conceito de pecado original). Depois de expor estas ideias, revejo o ponto de vista bastante diferente de Charles Darwin, de uma moralidade evoluída, que foi inspirada pelo iluminismo escocês. Discuto ainda as ideias de Mêncio e Westermarck, que são concordantes com as de Darwin.

Após apresentar essas opiniões contrastantes sobre a continuidade versus descontinuidade a respeito de outros animais, recorro a um ensaio anterior (Frans de Waal, 1996), em que dei especial atenção ao comportamento de primatas não humanos para explicar por que sustento que os fundamentos da moralidade são antigos do ponto de vista da evolução.

TEORIA DO REVESTIMENTO

Em 1893, diante de uma grande plateia em Oxford, na Inglaterra, Huxley reconciliou publicamente sua visão sombria do mundo natural com a gentileza encontrada de vez em quando na sociedade humana. Percebeu que as leis do mundo físico são inalteráveis. Porém, ele achava que o impacto delas na existência humana poderia ser suavizado e modificado se as pessoas mantivessem a natureza sob controle. Assim, Huxley comparou a humanidade a um jardineiro com dificuldade em manter seu jardim sem ervas daninhas. Ele via a ética humana como uma vitória sobre o processo evolutivo desordenado e hostil (Huxley, 1989 [1894]).

Esse ponto de vista causou espanto por duas razões. Em primeiro lugar, ele limitou deliberadamente o poder explicativo da evolução. Como muitos consideram a moralidade a essência da humanidade, Huxley estava dizendo, na prática, que o que nos torna humanos não pode ser explicado pela teoria da evolução. Podemos vir a ser morais apenas por oposição à nossa natureza. Trata-se de um recuo inexplicável de alguém que granjeou a reputação de "cão de guarda de Darwin" graças à sua defesa feroz da evolução. Em segundo lugar, Huxley não deu nenhuma indicação de onde a humanidade poderia ter tirado a vontade e o vigor para derrotar as forças de sua própria natureza. Se de fato nascemos competidores e não nos importamos com os sentimentos dos outros, como decidimos nos transformar em cidadãos exemplares? Podem as pessoas manter um comportamento atípico ao longo de várias gerações, como um cardume de piranhas que decide tornar-se vegetariano? Quão profunda é essa mudança? Isso não nos tornaria lobos em pele de cordeiro – amáveis por fora, malvados por dentro?

Essa foi a única vez que Huxley rompeu com Darwin. Como sinaliza o biógrafo de Huxley, Adrian Desmond (1994, p. 599): "Huxley estava forçando sua Arca ética contra a corrente darwinista que lhe permitiu chegar tão longe". Duas décadas antes, Darwin incluiu inequivocamente a moralidade na natureza humana, em *The Descent of Man* [*A origem do homem*] (1982 [1871]). A razão do afastamento de Huxley tem sido atribuída ao seu sofrimento decorrente de uma ação impiedosa da natureza, que havia tirado a vida de sua amada filha, assim como à sua necessidade de tornar a crueldade do cosmo darwiniano palatável para o público em geral. Ele havia retratado a natureza como tão absolutamente "brutal e violenta" que poderia manter essa posição apenas se deslocasse a ética humana, apresentando-a como uma inovação independente (Desmond, 1994). Em resumo, a fala de Huxley colocou-o em apuros.

O curioso dualismo de Huxley, que confronta moralidade e natureza, assim como humanidade e todos os outros animais, recebeu uma injeção de respeitabilidade com a publicação dos escritos de Sigmund Freud, cuja teoria prosperou abordando os contrastes entre consciente e inconsciente, ego e superego, Amor e Morte e assim por diante. Como ocorre com o jardineiro e o jardim de Huxley, Freud não dividiu o mundo em duas metades simétricas: ele via conflito em toda parte. Explicava o tabu do incesto e outras restrições morais como o resultado de uma violenta ruptura com a vida sexual espontânea da horda primeva, que culminou na matança de um pai despótico por ação coletiva de seus filhos homens (Freud, 1962 [1913]). Ele concebia o surgimento da civilização a partir da renúncia do instinto, obtenção do controle das forças da natureza e construção de um superego cultural (Freud, 1961 [1930]).

O combate heroico da humanidade contra as forças que tentam arrastá-la para baixo continua ainda hoje um tema dominante na biologia, como ilustrado por citações de seguidores declarados de Huxley. Ao considerar a ética uma ruptura radical com a biologia, Williams escreveu sobre as misérias da natureza, atingindo o clímax em sua afirmação de que a moralidade humana é um mero subproduto do processo evolutivo: "Considero a moralidade como uma competência acidental, produzida, em sua estupidez ilimitada, por um processo biológico que normalmente se contrapõe à expressão dessa competência" (Williams, 1988, p. 438).

Depois de ter explicado exaustivamente que nossos genes sabem o que é melhor para nós e programam cada pequena estrutura da máquina de sobrevivência humana, Dawkins aguardou até a última sentença do livro *The Selfish Gene* [*O gene egoísta*] para nos confortar por estarmos, de fato, à vontade para jogar todos esses genes pela janela: "Só nós, na Terra, podemos nos rebelar contra a tirania dos replicadores egoístas" (Dawkins, 1976, p. 215). A ruptura com a natureza é óbvia nessa afirmação, assim como a singularidade de nossa espécie. Mais recentemente, Dawkins (1996) declarou que nós somos "melhores do que nossos genes egoístas gostariam" e endossou Huxley de forma explícita: "O que estou dizendo, junto com muitas outras pessoas, entre as quais T. H. Huxley, é que, em nossa vida política e social, temos o direito de rejeitar o darwinismo, temos o direito de dizer que não queremos viver em um mundo darwiniano" (Roes, 1997, p. 3; também Dawkins, 2003).

Darwin deve estar se revirando no túmulo porque o "mundo darwiniano" sugerido está a milhas de distância daquele que ele próprio imaginara (ver abaixo). O que está faltando nessas afirmações é alguma explicação, qualquer que seja, sobre como podemos negar nossos genes, que foram descritos por esses autores em outras ocasiões como todo-poderosos. Como os conceitos de Hobbes, Huxley e Freud, o pensamento é inteiramente dualista: somos em parte natureza, em parte cultura, e não um todo bem integrado. A moralidade humana é apresentada como uma crosta delgada sob a qual fervem as paixões antissociais, amorais e egoístas. Essa visão da moralidade como um revestimento foi bem sintetizada pela famosa afirmação de Ghiselin: "Arranhe um 'altruísta' e verá um 'hipócrita' sangrar" (Ghiselin, 1974, p. 247; figura 1).

Desde então a teoria do revestimento tem sido popularizada por inúmeros escritores que divulgam a ciência, como Wright (1994), que chegou a afirmar que não há virtude no coração e na alma das pessoas, e que nossa espécie é potencialmente moral, mas não de modo natural. Pode-se perguntar: "Mas o que dizer daqueles que, de vez em quando, experimentam em si e nos outros um grau de compaixão, bondade e generosidade?". Repetindo Ghiselin, Wright responde que o "animal moral" é um hipócrita em essência:

> A tentativa de aparentar abnegação é tão parte da natureza humana quanto a sua frequente ausência. Fantasiamo-nos com uma linguagem moral elegante, negando os motivos subjacentes e realçando nossa consideração, por menor que seja, pelo bem maior; e de maneira feroz e pretensiosa reprovamos o egoísmo nos outros. (Wright, 1994, p. 344)

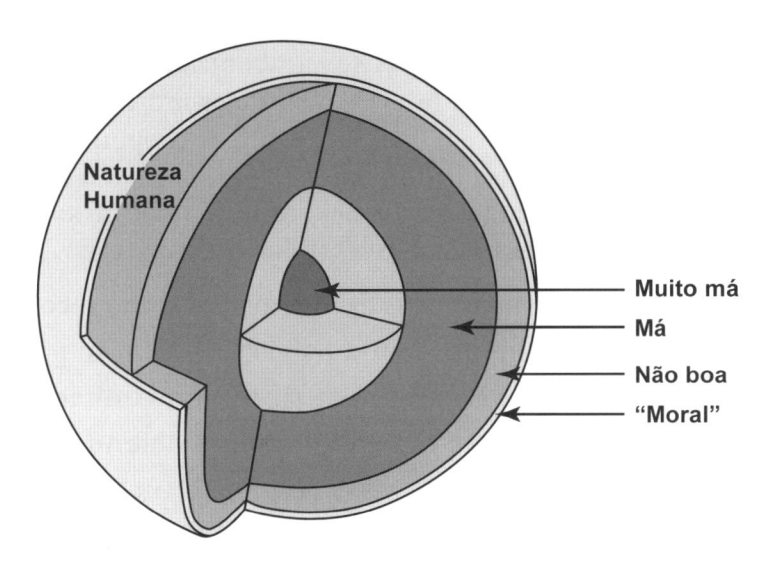

Figura 1. A visão popular da moralidade entre os biólogos durante os últimos 25 anos foi resumida por Ghiselin (1974, p. 247): "Arranhe um 'altruísta' e verá um 'hipócrita' sangrar". Os humanos eram considerados completamente egoístas e competitivos, enquanto a moralidade era considerada apenas uma ocorrência tardia. Resumida como "teoria do revestimento", essa ideia remonta a Thomas Henry Huxley, contemporâneo de Darwin. É uma visão irônica da sua ideia da natureza humana como sendo má até seu núcleo central.

Para explicar como conseguimos viver com nós mesmos, a despeito dessa farsa, os teóricos têm recorrido ao autoengano. Se as pessoas acham que às vezes são altruístas, assim prossegue o raciocínio, elas devem estar escondendo de si próprias seus verdadeiros motivos (por exemplo, Badcock, 1986). Em uma derradeira reviravolta irônica, qualquer um que não acredite que estamos nos enganando e ache que de fato existe a verdadeira bondade no mundo, é considerado um sonhador e é assim acusado de autoengano.

Entretanto, alguns cientistas têm feito objeções:

> Diz-se com frequência que as pessoas apoiam essas hipóteses [sobre altruísmo humano] porque elas *querem* que o mundo seja amigável e hospitaleiro. Os defensores do egoísmo

e individualismo que propõem essa crítica, de certo modo, congratulam a si mesmos: eles se parabenizam por encarar a realidade diretamente. Os egoístas e os individualistas são objetivos, sugerem eles, enquanto os proponentes do altruísmo e da seleção de grupos ficaram prisioneiros de uma ilusão reconfortante (Sober e Wilson, 1998, p. 8-9).

Esses argumentos favoráveis e contrários a como reconciliar a bondade humana cotidiana com a teoria da evolução parecem ser um legado infeliz de Huxley, que tinha um conhecimento superficial da teoria que ele tão efetivamente defendeu contra seus detratores. Nas palavras de Mayr (1997, p. 250): "Huxley, que acreditava em causas finais, rejeitava a seleção natural e não representava de nenhum modo o pensamento darwiniano autêntico. [...] Considerando quanto Huxley estava confuso, é lamentável que seu ensaio [sobre a ética] seja mencionado com frequência ainda hoje como se fosse de uma autoridade".

Deve-se ressaltar, porém, que na época de Huxley havia uma oposição feroz a suas ideias (Desmond, 1994), parte da qual provinha de biólogos russos, como Piotr Kropotkin. Considerando o clima rigoroso da Sibéria, os cientistas russos se impressionavam muito mais com a luta dos animais contra os elementos da natureza do que as disputas entre si, o que resultou na ênfase dada à cooperação e à solidariedade, que contrastava com a perspectiva competitiva e truculenta de Huxley (Todes, 1989). *Mutual Aid* [*Ajuda Mútua*], de Kropotkin (1972 [1902]) foi um ataque contra Huxley, mas escrito com grande deferência a Darwin.

Ainda que Kropotkin nunca tenha formulado sua teoria com a precisão e a lógica evolucionista de Trivers (1971) em seu trabalho seminal sobre o altruísmo recíproco, ambos refletiram sobre as origens de uma sociedade cooperativa e, em última instância, moral, sem recorrer a falsos pretextos, mecanismos de negação freudianos ou doutrinação cultural. Nesse aspecto, eles são os verdadeiros seguidores de Darwin.

DARWIN SOBRE A ÉTICA

A evolução favorece os animais que se ajudam se, ao fazê-lo, eles obtiverem benefícios a longo prazo mais valiosos do que os obtidos ao agir sozinho e competir com os outros. Em contraste com a cooperação, que implica benefícios simultâneos para todas as partes envolvidas (conhecida como mutualismo), a reciprocidade envolve atos trocados que, embora benéficos para o receptor, são onerosos para o agente (Dugatkin, 1997). Esse custo, gerado porque existe um intervalo de tempo entre dar e receber, é eliminado assim que um favor de igual valor retorna ao agente (para análise dessa questão desde Trivers, 1971, ver Axelrod e Hamilton, 1981; Rothstein e Pierotti, 1988; Taylor e McGuire, 1988). É nessas teorias que encontramos a raiz de uma explicação evolucionista da moralidade que escapou a Huxley.

É importante esclarecer que essas teorias não entram em conflito de forma alguma com as ideias correntes sobre o papel do egoísmo na evolução. Foi apenas recentemente que o conceito de "egoísmo" foi extraído da língua inglesa, privado de seu significado vernacular e passou a ser aplicado fora do domínio psicológico. Ainda que o termo seja visto por alguns como sinônimo do ato de servir a si próprio/ser interesseiro, a língua inglesa possui diferentes termos por uma razão: egoísmo implica a *intenção* de servir a si; disso decorre o conhecimento do que se tem a ganhar segundo um comportamento específico. Uma parreira pode servir a si ao crescer demais e sufocar uma árvore; mas, como as plantas não têm intenções, elas não podem ser egoístas, exceto no sentido metafórico ou figurado. Infelizmente, em completo desrespeito ao significado original do termo, é precisamente esse sentido vazio de "egoísta" que veio a dominar os debates sobre a natureza humana. Se nossos genes são egoístas, devemos ser egoístas também – esse é o argumento que se ouve com frequência – ainda que os genes sejam apenas moléculas e, portanto, não possam ser egoístas (Midgley, 1979).

É aceitável descrever animais (e humanos) como produto de forças evolutivas que promovem o interesse próprio, desde que se esteja ciente de que isso não exclui de maneira alguma a evolução de tendências altruísticas e empáticas compassivas. Darwin admitiu isso inteiramente explicando a evolução dessas tendências pela seleção grupal, em vez de pela seleção individual e por parentesco à qual os teóricos modernos dão preferência (ver, por exemplo, Sober e Wilson, 1998; Boehm, 1999). Darwin acreditava firmemente que sua teoria era capaz de acomodar as origens da moralidade e não via nenhum conflito entre a dureza do processo evolucionário e a mansidão de alguns de seus produtos. Em vez de apresentar a espécie humana como alheia às leis da biologia, Darwin enfatizou a continuidade com os animais mesmo no domínio moral:

> Qualquer que seja o animal dotado de instintos sociais acentuados, incluindo aqui as afeições parentais e filiais, adquirirá inevitavelmente um senso moral ou consciência assim que suas faculdades intelectuais tenham se tornado tão ou quase tão desenvolvidas quanto em humanos (Darwin, 1982 [1871], p. 71-72).

É importante observar a capacidade de compaixão sugerida aqui e expressa de forma mais clara por Darwin em outro local, por exemplo: "Decerto muitos animais solidarizam-se com o sofrimento de outro animal ou com o perigo a que outro animal está exposto" (Darwin, 1982 [1871], p. 77), porque é neste domínio que existem surpreendentes continuidades entre humanos e outros animais sociais. Ser afetado indiretamente pelas emoções de outros deve ser algo muito básico porque essas reações têm sido descritas em uma grande variedade de animais e, com frequência, são imediatas e incontroláveis. Provavelmente essas reações manifestaram-se pela primeira vez com a assistência parental, quando indivíduos vulneráveis são alimentados e protegidos. Entretanto em muitos animais, elas ultrapassam esse domínio, estendendo-se para relações de adultos que não pertencem à mesma família.

Para sua ideia de comportamento compassivo, Darwin inspirou-se em Adam Smith, filósofo da moral escocês e pai da economia. A relevância de distinguir entre o comportamento de servir a si próprio e os motivos egoístas é tão importante que Smith, mais conhecido por sua ênfase no autointeresse como diretriz da economia, também escreveu sobre a capacidade humana universal de compaixão:

> Por mais egoísta que o homem possa ser, existem evidentemente alguns princípios em sua natureza que lhe conferem interesse pela sorte de terceiros, e que tornam a felicidade dos demais necessária para si, mesmo que não obtenha nenhum benefício dela, exceto o prazer de vê-la. (Smith, 1937 [1759], p. 9)

A origem evolutiva dessa tendência não é mistério. Todas as espécies que dependem da cooperação – dos elefantes a lobos e humanos – demonstram lealdade ao grupo e tendências de oferecer ajuda a outros. Essas tendências evoluíram no contexto de uma vida social estreitamente entrelaçada, em que se auxiliam parentes e amigos capazes de retribuir o favor. O impulso de ajudar, portanto, nunca foi totalmente isento de valor para a sobrevivência daqueles que apresentam o impulso. Mas, como ocorre amiúde, o impulso separou-se das consequências que haviam modelado sua evolução. Isso permitiu sua expressão mesmo quando as recompensas eram improváveis, como ocorria quando os beneficiários eram desconhecidos. Isso torna o altruísmo animal muito mais próximo do altruísmo humano do que se pensava de hábito e explica a necessidade da retirada temporária da ética das mãos dos filósofos (Wilson, 1975, p. 562).

Pessoalmente, não estou convencido de que necessitemos da seleção de grupo para explicar a origem dessas tendências; parece que progredimos bastante com as teorias de seleção por parentesco e altruísmo recíproco. Além disso, existe tanta migração intergrupal (e, por isso, fluxo de genes) em primatas não humanos, que as condições necessárias para a seleção grupal não parecem ser preenchidas. Em todos os primatas, a geração mais jovem de um sexo ou de outro (machos em muitos macacos, fêmeas em chimpanzés e bonobos) tende a deixar o grupo para se unir a grupos vizinhos (Pusey e Packer, 1987). Isso significa que os grupos de primatas estão longe de serem isolados geneticamente, o que torna a seleção grupal pouco provável.

Na discussão sobre o que constitui a moralidade, o comportamento real é menos importante do que as competências subjacentes. Por exemplo, em vez de argumentar que o compartilhamento de alimentos é a base da moralidade, são as competências consideradas subjacentes ao compartilhamento de alimentos (por exemplo, níveis elevados de tolerância, sensibilidade às necessidades dos outros, troca recíproca) que parecem ser relevantes. As formigas também compartilham alimentos, mas provavelmente em decorrência de impulsos bastante diferentes dos que levam os chimpanzés ou os seres humanos a fazê-lo (Frans de Waal, 1989a). Essa distinção foi compreendida por Darwin, que além do comportamento real olhou para as emoções, intenções e competências subjacentes. Em outras palavras, se os animais são amáveis uns com os outros, essa não é a questão, nem importa muito se seu comportamento condiz com nossas preferências morais ou não. Precisamente, a questão relevante é se eles possuem capacidades de reciprocidade e vingança, de cumprir regras sociais, de apaziguamento de brigas e de compaixão e empatia (Flack e Frans de Waal, 2000).

Isso também significa que as alegações que visam rejeitar o darwinismo em nossa vida diária com o objetivo de construir uma sociedade moral baseiam-se em uma leitura bastante distorcida de Darwin. Uma vez que Darwin via a moralidade como um produto evolutivo, ele imaginava um mundo eminentemente mais habitável que o proposto por Huxley e seus seguidores, que acreditam em uma moralidade artificial culturalmente imposta, que não recebe nenhum apoio da natureza humana. O mundo de Huxley é de longe um local mais frio, mais aterrorizante.

EDWARD WESTERMARCK

Edward Westermarck, um sueco-finlandês que viveu de 1862 a 1939, merece destaque em qualquer debate sobre a origem da moralidade, visto que ele foi o primeiro estudioso a promover uma visão integrada que incluiu tanto seres humanos quanto animais, e tanto cultura quanto evolução. É compreensível que suas ideias tenham sido subestimadas durante sua vida, já que elas desafiavam a tradição dualista ocidental, que confronta corpo e mente, assim como cultura e instinto.

Os livros de Westermarck são uma mistura curiosa de teoria árida, antropologia detalhada e histórias de animais de fontes indiretas. O autor ansiava por ligar comportamento humano e animal, mas seu próprio trabalho concentrou-se inteiramente em seres humanos. Como existia pouca pesquisa sistemática sobre o comportamento animal na época, ele teve de recorrer a relatos anedóticos, como o de um camelo vingativo que havia sido surrado com exagero em múltiplas ocasiões por um condutor de camelos de 14 anos de idade, devido a ter demorado ou tomado o caminho errado. O camelo recebeu o castigo passivamente; entretanto, alguns dias mais tarde, quando o camelo encontrou-se sem arreios e sozinho na estrada com o mesmo condutor, "agarrou a cabeça do pobre menino com sua boca monstruosa, jogando-o para cima e para baixo, já com a parte superior do crânio completamente dilacerada e o cérebro espalhado pelo chão" (Westermarck, 1912 [1908], p. 38).

Não deveríamos desprezar esses relatos não comprovados sem examiná-los: histórias de retaliação tardia são frequentes nos zoológicos, especialmente em símios e elefantes. Dispomos na atualidade de dados sistemáticos sobre como os chimpanzés punem ações negativas com outras ações negativas ("sistema de vingança", conforme Frans de Waal e Luttrell, 1988), e como um macaco (do gênero *Macaca*) atacado por um membro dominante de seu grupo redirecionará a agressão contra um macaco mais jovem e vulnerável, parente de seu agressor (Aureli et al., 1992). Essas reações enquadram-se nas emoções retributivas de Westermarck, mas, para ele, o termo "retributivo" ia além de sua conotação habitual de ficar quites; também abrangia emoções positivas, como gratidão e pagamento de serviços. Ao descrever as emoções retributivas como fundamento da moralidade, Westermarck contribuiu com a questão de sua origem, antecipando-se às discussões modernas sobre ética evolucionista.

Ele faz parte de uma longa tradição que remonta a Aristóteles e Tomás de Aquino, a qual ancora firmemente a moralidade nas inclinações e desejos naturais de nossa espécie (Arnhart, 1998, 1999). As emoções ocupam um papel central; sabe-se que elas não são a antítese da racionalidade, pelo contrário, auxiliam o raciocínio humano. Os humanos podem raciocinar e deliberar tanto quanto quiserem, mas, como descrito pelos neurocientistas, se não houver emoções implicadas nas várias opções de que se dispõem, nunca se chega a tomar uma decisão ou formar uma convicção (Damásio, 1994). Isso é crítico para a escolha moral porque a moralidade, no mínimo, envolve fortes convicções. Essas convicções não acontecem baseadas na racionalidade fria, ou melhor, não podem acontecer; elas demandam importar-se com os outros e fortes "instintos viscerais" sobre o certo e o errado.

Westermarck (1912 [1908], 1917 [1908]) discute um a um toda a gama do que os filósofos que o antecederam, em particular David Hume (1985 [1739], chamavam de "sentimentos morais". Ele classificou as emoções retributivas em aquelas derivadas do ressentimento e da raiva, que buscam vingança e punição, e aquelas que são mais positivas e favoráveis socialmente. Enquanto na sua época exemplos de emoções morais em animais eram pouco conhecidos – daí ter dado crédito a histórias de camelos marroquinos –, sabemos hoje que existem muitos paralelos no comportamento dos primatas. Ele também discute o "perdão" e como a atitude de dar a outra face é um gesto apreciado universalmente. Os chimpanzés beijam-se e abraçam-se depois das brigas, e essas assim chamadas reconciliações servem para preservar a paz na comunidade (Frans de Waal e van Roosmalen, 1979). Existe uma literatura crescente sobre a resolução de conflitos em primatas e em outros mamíferos (Frans de Waal, 1989b, 2000; Aureli e Frans de Waal, 2000; Aureli et al., 2002). A reconciliação pode não ser a mesma coisa que o perdão, mas ambos estão obviamente relacionados entre si.

Westermarck também vê a proteção de terceiros contra a agressão como resultante do que ele chama de "ressentimento empático", o que implica que esse comportamento depende da identificação e empatia com o outro. A proteção contra a agressão é comum em macacos e símios e em muitos outros animais que defendem seus parentes e amigos. A literatura sobre primatas oferece um quadro bem avaliado de coalizões e alianças, que alguns consideram o traço característico da sua vida social e a principal razão pela qual eles desenvolveram sociedades tão complexas e cognitivamente exigentes (por exemplo, Byrne e Whiten, 1988; Harcourt e Frans de Waal, 1992; Frans de Waal, 1998 [1982]).

Do mesmo modo, as emoções amáveis retributivas – "desejo de dar prazer em troca de prazer" (Westermarck, 1912 [1908], p. 93) – têm um paralelismo óbvio com o que chamamos hoje de altruísmo recíproco, como a tendência a corresponder aos favores recebidos. Westermarck acrescenta a aprovação moral como uma emoção amável retributiva e, por isso, como um componente do altruísmo recíproco. Essas visões precedem as discussões acerca da "reciprocidade indireta" na literatura moderna sobre ética evolucionista, que versam a respeito da construção da reputação dentro da comunidade maior (por exemplo, Alexander, 1987). É surpreendente ver como muitas questões mencionadas pelos autores contemporâneos, expressas em termos um pouco diferentes, já estão presentes nos escritos desse sueco-finlandês elaborados há mais de um século.

A parte mais profunda de seu trabalho talvez seja aquela que tenta abordar a questão sobre o que define uma emoção moral como moral. Aqui demonstra que nessas emoções há algo a mais do que instintos viscerais; elas "diferem das emoções análogas não morais por seu desinteresse, imparcialidade aparente e ar de generalidade" (Westermarck, 1917 [1908], p. 738-739). Emoções como gratidão e ressentimento referem-se diretamente aos interesses próprios – como o indivíduo tem sido tratado ou como deseja ser tratado –, por isso são demasiado egocêntricas para serem morais. As emoções morais devem ser desvinculadas da situação imediata do indivíduo: elas lidam com o bem e com o mal em um nível mais abstrato, desinteressado. Apenas quando fazemos julgamentos gerais de como *qualquer pessoa* deveria ser tratada, é que podemos começar a falar de aprovação e desaprovação moral. É nessa área específica, simbolizada pelo famoso "espectador imparcial" de Smith (1937 [1759]), que os seres humanos parecem chegar radicalmente mais longe que outros primatas.

Na terceira parte analisaremos a continuidade entre os dois pilares principais da moralidade humana e do comportamento dos primatas. A empatia e a reciprocidade foram descritas como os principais "pré-requisitos" (Frans de Waal, 1996) ou os "componentes básicos" da moralidade (Flack e Frans de Waal, 2000) – eles não são, de forma alguma, suficientes para gerar a moralidade como a conhecemos, embora sejam indispensáveis. Não se poderia imaginar nenhuma sociedade moral humana sem troca recíproca e sem interesse emocional por outras pessoas. Isso oferece um ponto de partida concreto para investigar a continuidade que Darwin imaginou. O debate sobre a teoria do revestimento é fundamental para essa investigação, visto que alguns biólogos evolucionistas se afastaram declaradamente da ideia de continuidade ao apresentar a moralidade como uma farsa tão complicada que apenas uma espécie – a nossa – é capaz dela. Essa visão carece de fundamento e impede que se compreenda como nos tornamos morais (Tabela 1). Minha intenção aqui é esclarecer o assunto, examinando os dados empíricos disponíveis.

Tabela 1 – Comparação da teoria do revestimento e da visão da moralidade como desenvolvimento dos instintos sociais

	TEORIA DO REVESTIMENTO	EVOLUÇÃO DA ÉTICA
ORIGEM	HUXLEY	DARWIN
DEFENSORES	Richard Dawkins, George Williams, Robert Wright etc.	Edward Westermarck, Edward Wilson, Jonathan Haidt etc.
TIPO	Dualista – confronta seres humanos e animais, assim como cultura e natureza. A moralidade é vista como uma escolha.	Unitária – postula a continuidade entre a moralidade humana e as tendências sociais de animais. As tendências morais são vistas como produto da evolução.
TRANSIÇÃO PROPOSTA	De animal amoral ao humano moral.	De animal social ao animal moral.
TEORIA	Uma posição em busca de uma formulação teórica. Não oferece nenhuma explicação da razão pela qual os humanos são "melhores do que nossos genes egoístas gostariam", nem como tão notável façanha pode ter sido realizada.	Teorias de seleção por parentesco, altruísmo recíproco e teorias derivadas (por exemplo, justiça, construção de reputação, resolução de conflitos) sugerem como ocorreu a transição do animal social para o animal moral.
EVIDÊNCIAS EMPÍRICAS	Nenhuma.	A) Psicologia – a moralidade humana tem um alicerce emocional e intuitivo. B) Neurociência – os dilemas morais ativam áreas cerebrais envolvidas com a emoção. C) Comportamento de primatas – nossos parentes apresentam muitas das tendências incorporadas na moralidade humana.

EMPATIA ANIMAL

A evolução raramente joga fora alguma coisa. As estruturas são transformadas, modificadas, cooptadas para outras funções ou "ajustadas" em outra direção – descendência com modificações, como Darwin denominou. Assim, as barbatanas frontais dos peixes tornaram-se membros anteriores em animais terrestres e, no decorrer do tempo, transformaram-se em cascos, patas, asas, mãos e nadadeiras. De vez em quando, uma estrutura perde toda a função e torna-se supérflua, mas esse é um processo gradual que, com frequência, termina em traços rudimentares, sem chegar a desaparecer completamente. Assim, encontramos vestígios minúsculos de ossos das pernas sob a pele de baleias, e remanescentes de pelve em cobras.

É por isso que, para um biólogo, uma boneca russa é um brinquedo tão gratificante, em especial se ela tem uma dimensão histórica. Tenho uma boneca que representa o presidente russo Vladimir Putin por fora; dentro, encontramos, nesta ordem, Yeltsin, Gorbachov, Brejnev, Kruschev, Stalin e Lenin. Encontrar um Lenin e um Stalin pequenos dentro de Putin dificilmente surpreenderá a maioria dos analistas políticos. O mesmo se aplica aos traços biológicos: o velho sempre continua presente no novo.

Isso é relevante para a discussão sobre a origem da empatia, visto que o psicólogo tende a olhar o mundo de um jeito diferente do biólogo. Algumas vezes, os psicólogos colocam nossos traços mais avançados em um pedestal, ignorando ou mesmo negando antecedentes mais simples. Eles acreditam assim na mudança brusca, pelo menos em relação à nossa própria espécie. Tal concepção leva a explicações pouco prováveis sobre as origens que postulam descontinuidade referentes à linguagem, sobre a qual se afirma que resulta de um "módulo" singular no cérebro humano (por exemplo,

Pinker, 1994), ou relativos à cognição humana, à qual se atribui origens culturais (por exemplo, Tomasello, 1999). As capacidades humanas verdadeiras atingem alturas estonteantes, como quando compreendo que você compreende que eu compreendo etc., mas não nascemos com essa "empatia reiterada", como denominam os fenomenologistas. Do ponto de vista do desenvolvimento e da evolução, formas avançadas de empatia são precedidas por outras mais elementares e se originam nelas. Na realidade, as coisas podem ser exatamente o contrário. Em vez de a linguagem e a cultura surgirem com um Big Bang em nossa espécie e assim transformarem o modo como nos relacionamos uns com os outros, Greenspan e Shanker (2004) propõem que elas surjam a partir das conexões emocionais iniciais e "protoconversações" entre mãe e filho (cf. Trevarthen, 1993). A empatia, em vez de ser o desfecho, pode ter sido o ponto de partida.

Os biólogos preferem explicações de baixo para cima a explicações de cima para baixo, ainda que, com certeza, haja lugar para as últimas. Uma vez que os processos de ordem mais alta existam, modificam os processos da base. O sistema nervoso central é um bom exemplo de processamento de cima para baixo, como ocorre no controle que o córtex pré-frontal exerce sobre a memória. O córtex pré-frontal não é a sede da memória, mas pode "ordenar" a sua evocação (Tomita et al., 1999). Do mesmo modo, a cultura e a linguagem dão forma a expressões de empatia. Porém, a distinção entre "ser a origem de" e "dar forma a" é fundamental, e vou argumentar aqui que a empatia é a forma pré-linguística original da formação do vínculo interindividual, que apenas secundariamente passou a estar sob a influência da linguagem e da cultura.

As explicações de baixo para cima são o oposto das teorias Big Bang. Elas presumem a continuidade entre passado e presente, criança e adulto, humano e animal, e mesmo entre humanos e mamíferos mais primitivos. Podemos assumir que a empatia tenha evoluído inicialmente no contexto dos cuidados parentais, que são obrigatórios nos mamíferos (Eibl-Eibesfeldt, 1974 [1971]; MacLean, 1985). Ao indicar seu estado por meio do sorriso e do choro, os bebês humanos urgem com seu cuidador para prestar atenção e entrar em ação (Bowlby, 1958). Isso também se aplica a outros primatas. O valor dessas interações para a sobrevivência é óbvio. Por exemplo, um chimpanzé fêmea perdeu vários filhotes, apesar de seu interesse positivo intenso, porque era surda e não corrigia o posicionamento dos bebês em resposta a seus pedidos de socorro, quando, por exemplo, sentava-se sobre eles ou segurava-os de cabeça para baixo (Frans de Waal, 1998 [1982]).

No caso de uma característica humana tão onipresente como a empatia que se desenvolve muito cedo (por exemplo, Hoffman, 1975; Zahn-Waxler e Radke-Yarrow, 1990) e apresenta correlatos neurais e fisiológicos tão importantes (por exemplo, Adolphs et al., 1994; Rimm-Kaufman e Kagan, 1996; Decety e Chaminade, 2003), assim como um substrato genético (Plomin et al., 1993), resultaria verdadeiramente estranho se não houvesse continuidade evolutiva com outros mamíferos. No entanto, a possibilidade de empatia e compaixão em outros animais tem sido amplamente ignorada. Isso se deve, em parte, a um temor excessivo ao antropomorfismo, que tem sufocado a pesquisa sobre emoções em animais (Panksepp, 1998; Frans de Waal, 1999, apêndice A), e, em parte também à representação unilateral do mundo natural que os biólogos descrevem como um local de combate e não como um local de formação de vínculos sociais.

O QUE É EMPATIA?

Os animais sociais precisam coordenar ação e movimento, responder coletivamente ao perigo, comunicar-se sobre alimentos e água e auxiliar os necessitados. A responsividade a estados comportamentais entre semelhantes varia de um bando de aves, que levanta voo em conjunto ao mesmo tempo porque uma delas se assustou com um predador, a uma mãe símia que retorna a um filhote lamuriante para auxiliá-lo a passar de uma árvore a outra, fazendo uma ponte entre as árvores com seu próprio corpo. O primeiro exemplo é uma transmissão de medo, semelhante a um reflexo, que pode não envolver nenhuma compreensão do que desencadeou a reação inicial, mas é indubitavelmente um comportamento adaptativo. A ave que não consegue levantar voo ao mesmo tempo que o restante do bando pode virar um almoço. A pressão da seleção para dar atenção aos outros deve ter sido enorme. O exemplo da mãe símia é mais seletivo e envolve a ansiedade ao ouvir a lamúria da cria, a avaliação dos motivos de seu sofrimento e a tentativa de remediar a situação.

Existem muitos exemplos de primatas que atestam o fato de ir em auxílio de outro durante uma briga, colocar o braço ao redor da vítima de um ataque prévio e outras respostas emocionais ao sofrimento de outros que descreveremos mais adiante. Na realidade, acredita-se que quase toda a comunicação entre primatas não humanos seja mediada emocionalmente. Estamos familiarizados com o papel proeminente das emoções nas expressões faciais humanas (Ekman, 1982); mas quando se trata de macacos e símios – que têm uma variedade de expressões homóloga (van Hooff, 1967) – as emoções parecem ser igualmente importantes.

Quando o estado emocional de um indivíduo induz um estado correspondente ou estreitamente relacionado em outro indivíduo, falamos de "contágio emocional" (Hatfield et al., 1993). Mesmo que esse contágio seja, sem dúvida, um fenômeno básico, existe mais do que apenas um ser individual afetado pelo estado de um outro: os dois indivíduos, com frequência, envolvem-se em uma interação direta. Assim, um jovem rejeitado pode ter um chilique e emitir gritos aos pés de sua mãe, ou um membro preferido pode aproximar-se daquele que possui alimentos para mendigar por meio de expressões faciais, vocalizações e gestos das mãos que induzem ao comportamento compassivo. Em outras palavras, os estados emocionais e motivacionais quase sempre manifestam-se por comportamentos dirigidos especificamente para um companheiro. O efeito emocional no outro, portanto, não é um subproduto, mas é buscado de forma ativa.

Com a diferenciação crescente entre o eu e o outro, e uma apreciação crescente das circunstâncias precisas subjacentes aos estados emocionais dos demais, o contágio emocional evolui para a empatia. A empatia abrange o contágio emocional (e não poderia ter surgido sem ele), mas vai além dele, porque coloca filtros entre o estado do outro e o próprio. Em seres humanos, é por volta dos dois anos que começamos a acrescentar essas camadas cognitivas (Eisenberg e Strayer, 1987).

Dois mecanismos relacionados com a empatia são a *compaixão* e *o sofrimento pessoal*, que em suas consequências sociais opõem-se mutuamente. Define-se compaixão como "uma resposta afetiva, caracterizada por sentimentos de tristeza ou preocupação, direcionada ao outro em sofrimento ou em necessidade (não é a mesma emoção que a outra pessoa experimenta). Acredita-se que a compaixão envolva uma motivação altruísta, orientada para o outro" (Eisenberg, 2000, p. 677). O sofrimento pessoal, em contrapartida, leva a parte afetada a procurar aliviar egoisticamente seu *próprio* sofrimento, que é semelhante ao que ela percebeu no outro. O sofrimento pessoal, portanto, não se ocupa da situação daquele que origina a empatia (Batson, 1990). Observei um exemplo notável em primatas: os gritos de um filhote de macaco *Rhesus* castigado duramente ou rejeitado, com frequência, levam outros filhotes a se aproximar, abraçar, montar ou até a se amontoar sobre a vítima. Desse modo, o sofrimento de um filhote parece disseminar-se a seus pares, os quais procuram então o contato para aliviar sua própria excitação. Visto que o sofrimento pessoal carece de avaliação cognitiva e complementaridade comportamental, ele não vai além do nível de contágio emocional (Frans de Waal, 1996, p. 46).

O fato de a maioria dos livros contemporâneos sobre cognição animal (por exemplo, Shettleworth, 1998) ignorar a empatia e o comportamento compassivo, não significa que essas competências estejam fora do escopo essencial da vida dos animais; isso indica que a ciência, tradicionalmente centrada mais nas competências individuais do que nas interindividuais não contemplou essa questão. O uso de ferramentas e a competência numérica, por exemplo, são considerados sinais de inteligência, ao passo que lidar de forma apropriada com os outros, não. É óbvio, porém, que a sobrevivência frequentemente depende de como os animais se saem dentro do seu grupo, tanto no sentido cooperativo (por exemplo, ação de comum acordo, transferência de informações) como no sentido competitivo (por exemplo, estratégias de dominância ou dissimulação). Por isso, é no domínio *social* em que se esperam encontrar as mais relevantes conquistas cognitivas. A seleção natural deve ter favorecido os mecanismos de avaliação dos estados emocionais dos outros e uma resposta rápida a eles. A empatia é precisamente um desses mecanismos.

No comportamento humano existe uma relação estreita entre empatia e compaixão e suas expressões no altruísmo psicológico (por exemplo, Hornblow, 1980; Hoffman, 1982; Batson et al., 1987; Eisenberg e Strayer, 1987; Wispé, 1991). É razoável assumir que as respostas de altruísmo e de cuidado com outrem ocorridas em outros animais, especialmente mamíferos, dependam de mecanismos semelhantes. Quando Zahn-Waxler visitou casas a fim de descobrir como as crianças respondem a membros de sua família que haviam recebido instruções para fingir tristeza (soluçar), dor (chorar) ou angústia (engasgar-se), ela descobriu que as crianças de pouco mais de um ano de idade já consolam os outros. Como as expressões de compaixão emergem em uma idade tão tenra em possivelmente todos os membros de nossa espécie, elas são tão naturais quanto dar os primeiros passos. Entretanto, a observação revelou uma descoberta inesperada nesse estudo: os animais de estimação desses lares pareceram tão preocupados quanto as crianças com o "sofrimento" dos membros da família – rondavam ao seu redor ou colocavam a sua cabeça em seu colo (Zahn-Waxler et al., 1984).

Enraizadas em um sentimento de apego e no que Harlow chamou de "sistema afetivo" (Harlow e Harlow, 1965), as respostas às emoções dos outros são frequentes em animais sociais. Os dados comportamentais e fisiológicos sugerem o contágio emocional em várias espécies (revistos em Preston e Frans de Waal, 2002b; e Frans de Waal, 2003). Relatos interessantes que surgiram na bibliografia dos anos 1950 e 1960, de autoria de psicólogos experimentais, registravam as palavras "empatia" e "compaixão" entre aspas. Naquela época, falar de emoções em animais era tabu. Em um artigo intitulado provocativamente "Reações emocionais de ratos à dor de outros", Church (1959) relatou que os ratos que haviam aprendido a pressionar uma alavanca a fim de obter alimentos, deixavam de fazê-lo se sua resposta fosse acompanhada de uma descarga elétrica aplicada a um rato vizinho que estava acessível à sua visão. Embora essa inibição se tornasse um hábito rapidamente, ela sugeria certo nível de aversão às reações de dor de outros ratos. Talvez essas reações despertassem emoções negativas naqueles que as testemunhavam.

Os macacos apresentam uma inibição mais potente que os

ratos. As evidências mais convincentes da força da empatia em macacos são de Wechkin et al. (1964) e Masserman et al. (1964). Eles descobriram que os macacos *Rhesus* se recusam a puxar uma corrente que administra alimento para eles se, ao fazê-lo, um companheiro receber um choque elétrico. Um macaco parou de puxar por 5 dias e um outro, por 12 dias, depois de testemunhar a aplicação de descarga elétrica em um companheiro. Esses macacos estavam literalmente morrendo de fome para evitar causar dor em outro macaco. Esse sacrifício está relacionado com o sistema social rígido e a formação de vínculos entre esses macacos, como corrobora a descoberta de que a inibição de ferir o outro foi mais pronunciada em macacos aparentados do que entre desconhecidos (Masserman et al., 1964).

Embora esses estudos iniciais tenham sugerido que, ao adotar determinados comportamentos os animais tentam atenuar ou impedir o sofrimento em outros, não foi esclarecido se as respostas espontâneas a outros da mesma espécie em sofrimento são explicadas por (a) aversão a sinais de sofrimento de outros; (b) sofrimento pessoal gerado por contágio emocional, ou (c) motivações genuínas de auxílio. Os trabalhos em primatas não humanos têm fornecido informações adicionais. Algumas dessas provas são qualitativas, mas também foram obtidos dados quantitativos sobre reações empáticas.

HISTÓRIAS SOBRE "IMAGINAR-SE NO LUGAR DO OUTRO"

Descrições incríveis de empatia e altruísmo em primatas podem ser encontradas em Yerkes (1925), Ladygina-Kohts (2002 [1935]), Goodall (1990) e Frans de Waal (1998 [1982], 1996, 1997a). A empatia em primatas é uma área tão rica que O'Connell (1995) foi capaz de realizar uma análise de conteúdo de milhares de informes qualitativos. Ela concluiu que as respostas ao sofrimento do outro parecem ser consideravelmente mais complexas em símios que em macacos. Para citar apenas um exemplo da força da resposta empática do símio, Ladygina-Kohts relatou sobre seu jovem chimpanzé, Joni, que a melhor maneira de fazê-lo descer do telhado de sua casa – muito melhor que qualquer recompensa ou ameaça de punição – era apelar a seu comportamento compassivo:

> Se finjo que estou chorando, fecho os olhos e soluço, Joni para de brincar ou interrompe quaisquer outras atividades imediatamente, corre depressa em minha direção, agitado e desgrenhado, dos locais mais distantes da casa, como o telhado ou do teto de sua jaula de onde não consigo fazê-lo descer apesar dos meus chamados e súplicas persistentes. Ele corre apressado ao meu redor, como se estivesse procurando o culpado; olhando para meu rosto, ele segura meu queixo na palma da mão com ternura, toca suavemente meu rosto com seu dedo, enquanto tenta compreender o que está acontecendo, e vira-se cerrando seus dedos em forma de punho. (Ladygina-Kohts, 2002 [1935], p. 121)

Sugeri (Frans de Waal, 1996, 1997a) que, além da conexão emocional, os símios avaliam a situação do outro e têm algum grau de adoção de perspectiva (Apêndice B). Assim, a principal diferença entre macacos e símios não está na empatia em si, mas nas sobreposições cognitivas que permitem aos símios adotar o ponto de vista do outro. A esse respeito, um relato notável refere-se a um bonobo fêmea que apresentou empatia por um pássaro no Zoológico Twycross, na Inglaterra:

> Um dia, Kuni capturou um estorninho. Por medo de que pudesse machucar o pássaro atordoado, que parecia não ter nenhuma lesão, o tratador estimulou o símio a deixá-lo ir. [...] Kuni pegou o estorninho com uma mão e subiu

até o topo da árvore mais alta, onde se sentou, abraçando o tronco com as pernas, de modo a ter ambas as mãos livres para segurar o pássaro. Cuidadosamente, ela abriu as asas do pássaro estendendo-as, uma em cada mão, antes de lançá-lo com a maior força que podia em direção à grade do cercado. Infelizmente o pássaro caiu na margem do fosso, onde Kuni o vigiou durante muito tempo protegendo-o da curiosidade de um símio mais novo. (Frans de Waal, 1997a, p. 156)

É óbvio que o que Kuni fez seria inapropriado para com um membro de sua própria espécie. Por ter visto pássaros voando muitas vezes, parece que ela tinha noção do que seria bom para eles, oferecendo-nos uma versão antropoide da capacidade empática descrita de forma tão perdurável por Adam Smith (1937 [1759], p. 10) como "imaginar-se no lugar do sofredor". Talvez o exemplo mais notável dessa capacidade seja o caso de um chimpanzé que, como nos experimentos originais da teoria da mente de Premack e Woodruff (1978), parecia compreender as intenções de um outro chimpanzé e prestar assistência específica:

> Durante um inverno no Zoológico de Arnhem, depois de limpar o recinto e antes de soltar os chimpanzés, os tratadores lavaram com mangueira todos os pneus de borracha do cercado e os penduravam, um a um, em uma tora de madeira que se estendia horizontalmente a partir da estrutura de barras. Um dia, o chimpanzé fêmea Krom interessou-se por um pneu em que havia sobrado água. Infelizmente, esse pneu era o último da fila, com seis ou mais pneus pesados pendurados antes dele. Krom puxou várias vezes o pneu que ela desejava, mas não conseguia retirá-lo da tora de madeira. Ela empurrou o pneu para trás, que topou com a estrutura de barras e mais uma vez não conseguiu removê-lo da tora. Krom trabalhou em vão por mais de 10 minutos para resolver o problema, sem sucesso, e foi ignorada por todos com exceção de Jakie, de sete anos, de quem Krom cuidara quando era pequeno.

Imediatamente depois de Krom ter desistido e ido embora, Jakie aproximou-se do local onde estavam os pneus. Sem hesitação, ele retirou os pneus da tora, um por um, começando com o primeiro, em seguida, o segundo da fila e assim por diante, como qualquer chimpanzé sensato faria. Quando chegou ao último pneu, ele o retirou com todo o cuidado, de modo que nenhuma água se perdesse, e o levou direto para sua antiga cuidadora, colocando-o em pé diante dela. Krom aceitou seu presente, sem nenhum agradecimento especial, e já estava recolhendo a água com a mão quando Jakie se afastou. (Adaptado de Frans de Waal, 1996)

O fato de Jakie ter auxiliado sua antiga cuidadora não é tão incomum. Mas o fato de ele ter adivinhado corretamente o que Krom procurava é especial. Ele compreendeu os objetivos dela. Esse chamado "auxílio dirigido" é típico dos símios, mas raro ou ausente na maioria dos outros animais. É definido como comportamento altruístico talhado para as necessidades específicas do outro, mesmo em situações novas como o caso amplamente divulgado de Binti Jua, um gorila fêmea que resgatou uma criança no Zoológico de Brookfield, em Chicago (Frans de Waal, 1996, 1999). Um experimento recente demonstrou o auxílio dirigido em chimpanzés jovens (Warneken e Tomasello, 2006).

É importante realçar a incrível força da resposta de auxílio dos símios, que leva esses animais a correr grandes riscos em favor dos outros. Embora em um debate recente sobre as origens da moralidade, Kagan (2000) tenha considerado óbvio que um chimpanzé nunca pularia em um lago frio para salvar outro, pode ser útil citar Goodall (1990, p. 213) sobre essa questão:

> Em alguns zoológicos, os chimpanzés são mantidos em ilhas construídas pelo homem, cercadas por fossos cheios de água. [...] Os chimpanzés não sabem nadar e, se caírem em águas profundas e não forem resgatados, se afo-

garão. A despeito disso, existem indivíduos que em certas ocasiões realizaram esforços heroicos para salvar companheiros de um afogamento, algumas vezes com sucesso. Um macho adulto perdeu sua vida quando tentou resgatar um filhotinho, cuja mãe inábil o deixou cair na água.

Os únicos outros animais com uma variedade semelhante de respostas de auxílio são os golfinhos e os elefantes. Essa comprovação também é em grande parte descritiva (para golfinhos: Caldwell e Caldwell, 1966; Connor e Norris, 1982; para elefantes: Moss, 1988; Payne, 1998), mas aqui novamente é difícil aceitar como mera coincidência o fato de que os cientistas que observaram esses animais durante um tempo tenham numerosos exemplos para relatar, ao passo que os cientistas que observaram outro tipo de animal tenham tão poucos ou nenhum.

O ATO DE CONSOLAR

A diferença de empatia entre macacos e símios tem sido confirmada por estudos sistemáticos de um comportamento conhecido como "consolar", documentado pela primeira vez por Frans de Waal e van Roosmalen (1979). Define-se consolo como o ato de um espectador não envolvido em uma situação beligerante oferecer conforto a um dos combatentes. Por exemplo, um observador dirige-se ao perdedor de uma briga e suavemente coloca seus braços ao redor de seus ombros (Figura 2). Não se deve confundir consolo com reconciliação entre antigos oponentes, que parece ser motivada na maioria das vezes por autointeresse pelo imperativo de restabelecer uma relação social alterada (Frans de Waal, 2000). A vantagem do consolo para o agente é desconhecida. O agente provavelmente poderia ir embora, sem quaisquer consequências negativas.

As informações sobre o consolar em chimpanzés estão bem

Figura 2. Exemplo típico de consolo em chimpanzés onde um jovem coloca seu braço ao redor de um macho adulto que guincha, após ter sido derrotado em uma briga contra seu rival. Fotografia do autor.

quantificadas. Frans de Waal e van Roosmalen (1979) basearam suas conclusões em uma análise de centenas de observações feitas após um conflito. A reprodução dessas observações em um estudo de Frans de Waal e Aureli (1996) incluiu uma amostra ainda maior, e os autores procuraram testar duas hipóteses relativamente simples. Se os contatos com terceiros servem de fato para aliviar o sofrimento dos participantes em um conflito, esses contatos deveriam ser dirigidos mais aos que foram alvo da agressão do que aos agressores, e mais aos que foram alvo de agressão grave do que leve. Os dados da comparação dos índices de contato com terceiros com os valores basais corroboraram ambas as hipóteses (Figura 3).

O consolar foi demonstrado até o presente apenas em grandes símios. Quando Frans de Waal e Aureli (1996) se dispuseram a aplicar exatamente a mesma metodologia de observação usada

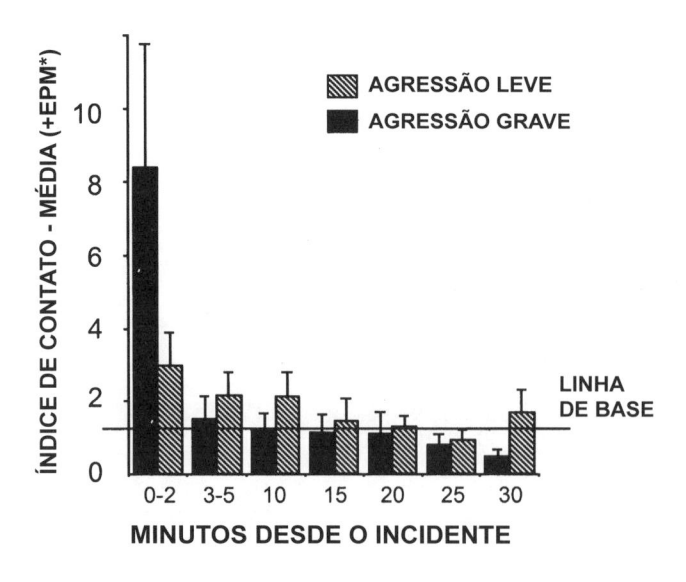

Figura 3. Taxa de contatos de terceiros com vítimas de agressão em chimpanzés que compara vítimas de agressão grave e leve. Especialmente nos primeiros minutos após o incidente, os que sofrem uma agressão grave recebem mais contatos, em comparação com a linha de base. Conforme Frans de Waal e Aureli (1996).

em chimpanzés para detectar a prática do consolo em macacos do gênero *Macaca*, não encontraram nenhum caso (revisto por Watts et al., 2000). Isso foi uma surpresa porque os estudos de reconciliação que empregam essencialmente o mesmo método de coleta de dados demonstraram reconciliação em várias espécies, uma atrás da outra. Por que então o consolar seria restrito a símios?

Provavelmente não se pode atingir a empatia cognitiva sem um grau elevado de autoconsciência. O auxílio dirigido em resposta a situações específicas, algumas vezes novas, pode requerer uma distinção entre o eu e o outro que permita que a situação do outro seja divorciada da própria, ao mesmo tempo que se mantém o vínculo emocional motivando o comportamento. Em outras palavras, para compreender que a emoção secundária não se origina em si próprio, mas no outro, e para compreender as causas do estado do outro, é necessária uma distinção clara entre o eu e o outro. Com base nessas suposições, Gallup (1982) foi o primeiro a teorizar sobre uma relação entre empatia cognitiva e autorreconhecimento no espelho[1]. Essa visão é corroborada tanto do ponto de vista do desenvolvimento por uma correlação entre a emergência do autorreconhecimento no espelho em crianças pequenas e suas tendências a auxiliar (Bischof-Köhler, 1988; Zahn-Waxler et al., 1992), como do ponto de vista filogenético, pela presença dos comportamentos complexos de auxílio e consolo em membros da superfamília Hominoidea (isto é, humanos e símios), mas não em macacos. Os membros da superfamília Hominoidea também são os únicos primatas capazes de se autorreconhecer diante do espelho.

Já argumentei que, além do comportamento de consolar, o auxílio dirigido reflete a empatia cognitiva. Define-se auxílio dirigido como um comportamento altruísta adaptado às necessidades específicas do outro em situações novas, como a reação de Kuni ao pássaro, ou o resgate de um menino por Binti Jua descritos acima. Essas respostas requerem a compreensão da situação difícil do indivíduo que necessita de auxílio. Considerando as evidências de auxílio dirigido em golfinhos (ver acima), a descoberta recente de autorreconhecimento desses mamíferos no espelho (Reiss e Marino, 2001) corrobora a relação proposta entre maior autoconsciência por um lado, e empatia cognitiva por outro.

MODELO DAS BONECAS RUSSAS

A bibliografia existente apresenta relatos da empatia como um assunto cognitivo, e até chegam a considerar que os símios, para não falar de outros animais, provavelmente carecem dela (Povinelli,

---

[1] Em inglês, *Mirror Self-Recognition* – MSR. [N. da R.]

1998; Hauser, 2000). Essa visão equipara a empatia à atribuição de um estado mental no outro e com a teoria da mente ou metacognição. Mas a posição oposta tem sido defendida recentemente em relação a crianças autistas. Em contraste com as suposições anteriores de que o autismo reflete um *deficit* metacognitivo (Baron-Cohen, 2000), o autismo torna-se perceptível bem antes dos 4 anos de idade, quando a teoria da mente emerge de forma típica. Williams et al. (2001) argumentam que o principal *deficit* do autismo se dá no nível socioafetivo, que, por sua vez, tem um impacto negativo nas formas mais sofisticadas de percepção interpessoal, como a teoria da mente. Desse modo, a teoria da mente é vista como um traço derivado, cujos antecedentes requerem uma maior atenção segundo esses autores (posição também hoje adotada por Baron-Cohen, 2003, 2004).

Preston e Frans de Waal (2002a) propõem que no centro da capacidade empática haja um mecanismo relativamente simples que dá ao observador (o "sujeito") acesso ao estado emocional do outro (o "objeto") por meio das próprias representações corporais e neurais do próprio sujeito. Quando o sujeito presta atenção ao estado do objeto, as representações neurais de estados semelhantes do primeiro são ativadas de maneira automática. Quanto mais próximos e mais semelhantes forem sujeito e objeto, tanto mais fácil será para a percepção do sujeito ativar as respostas motoras e autonômicas que correspondam às do objeto (por exemplo, alterações na frequência cardíaca, condutância cutânea, expressão facial, postura corporal). Essa ativação permite que o sujeito se coloque "sob a pele" do objeto, compartilhando seus sentimentos e necessidades. O fato de o sujeito colocar-se no lugar do objeto como se o encarnasse, por sua vez, estimula o comportamento compassivo, a compaixão e a capacidade de auxílio. O mecanismo de percepção-ação (MPA) de Preston e Frans de Waal (2002a) concorda com a hipótese de marcador somático das emoções de Damásio (1994) e é consistente com as comprovações recentes de uma ligação no nível celular entre percepção e ação (por exemplo, "neurônios-espelhos", di Pelligrino et al., 1992).

A ideia de que a percepção e a ação compartilham representações não é nova: ela remonta ao primeiro tratado sobre *Einfühlung*, em alemão, conceito traduzido para o português como "empatia" (Wispé 1991). Quando Lipps (1903) falou de *Einfühlung*, que literalmente significa "sentir em", ele especulou sobre *innere Nachahmung* (mimetismo interno) dos sentimentos do outro, do mesmo modo proposto pelo mecanismo de percepção-ação (MPA). Por conseguinte, a empatia é um processo involuntário rotineiro, como demonstrado por estudos eletromiográficos de contrações invisíveis dos músculos faciais como resposta a imagens de expressões faciais humanas. Essas reações são inteiramente automatizadas e ocorrem mesmo quando as pessoas não têm consciência do que viram (Dimberg et al., 2000). As explicações sobre a empatia como um processo cognitivo superior negligenciam essas reações instintivas, que são demasiadamente rápidas para estar sob controle consciente.

Os mecanismos de percepção-ação são bem conhecidos nos processos de percepção motora (Prinz e Hommel, 2002), o que levou os pesquisadores a presumir que processos semelhantes sejam a base da percepção das emoções (Gallese, 2001; Wolpert et al., 2001). Os dados sugerem que tanto observar como experimentar emoções envolvem substratos fisiológicos compartilhados: *ver* a repugnância ou a dor do outro é muito semelhante a *sentir* repugnância ou dor (Adolphs et al., 1997, 2000; Wicker et al., 2003). Além disso, a comunicação afetiva cria estados fisiológicos semelhantes no sujeito e no objeto (Dimberg, 1982, 1990; Levenson e Reuf, 1992). Em resumo, as atividades psicológica e neural humanas não ocorrem isoladas, mas estão intimamente conectadas e são afetadas pelos demais seres humanos. Investigações recentes da base neural da empatia trouxeram um forte apoio ao MPA (Carr et al., 2003; Singer et al., 2004; Gelder et al., 2004).

O modo como as formas simples de empatia se relacionam com as suas formas mais complexas assemelham-se a uma boneca russa (Frans de Waal, 2003). Assim, a empatia abrange todas as formas do estado emocional de um indivíduo que afetam as do outro, com mecanismos básicos no seu centro e com capacidades cognitivas e mecanismos mais complexos nas suas camadas exteriores (Figura 4). O autismo pode refletir-se nas camadas externas da boneca russa que estiveram deficientes, mas tais *deficits* inva-

Atribuição
Adota completamente a perspectiva do outro.

Empatia cognitiva
Avaliação da situação e as razões da emoção do outro.

MPA

Contágio emocional
Impacto emocional automático.

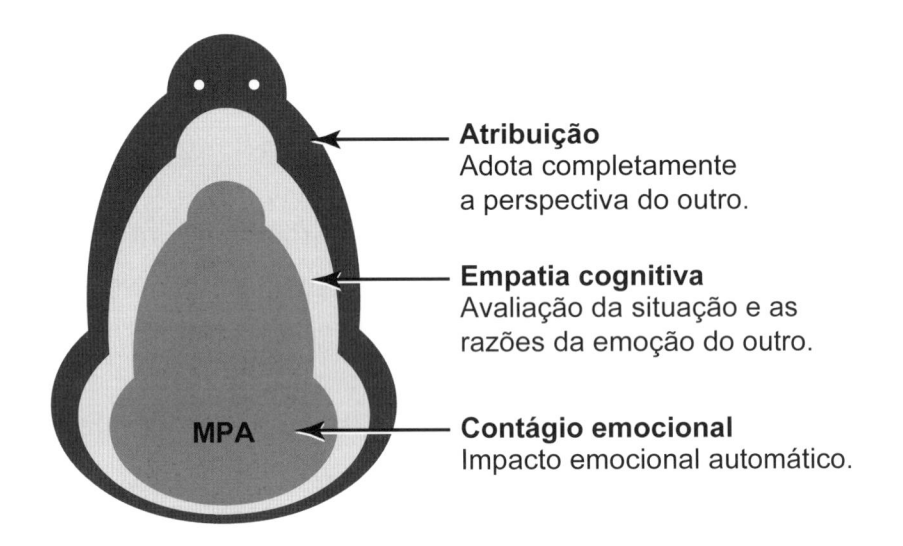

Figura 4. De acordo com o modelo das bonecas russas, a empatia abrange todos os processos que levam a estados emocionais inter-relacionados no sujeito e no objeto. No seu núcleo, ocorre o mecanismo de percepção-ação (MPA) simples e automático, que resulta na correspondência imediata, frequentemente inconsciente, de estados entre os indivíduos. Os níveis superiores de empatia, que se apoiam nessa base inata, incluem a empatia cognitiva (isto é, a compreensão das razões das emoções do outro) e a atribuição de estado mental (a adoção plena da perspectiva do outro). O modelo das bonecas russas sustenta que as camadas exteriores requerem as interiores. Conforme Frans de Waal (2003).

riavelmente nos levariam às deficiências nas camadas internas.

Isso não quer dizer que os níveis de empatia cognitivamente mais elevados sejam irrelevantes, mas que são construídos sobre uma base firme e enraizada, sem a qual ficaríamos perdidos diante daquilo que move os outros. Certamente, nem toda empatia pode reduzir-se ao contágio emocional, mas ela nunca prescinde dele. No centro da boneca russa, encontramos um estado emocional induzido pelo mecanismo de percepção-ação (MPA) que corresponde ao estado do objeto. Na segunda camada, a empatia cognitiva avalia a dificuldade ou situação do outro (Frans de Waal, 1996). O sujeito não apenas responde aos sinais emitidos pelo objeto, mas também procura compreender as razões desses sinais, procurando pistas no comportamento e na situação do outro. A empatia cognitiva torna possível prestar um auxílio dirigido que leva em conta as necessidades específicas do outro (Figura 5). Essas respostas vão muito além do contágio emocional, mas seria difícil explicá-las sem a motivação dada pelo componente emocional. Sem ele, seríamos tão impassíveis quanto o Sr. Spock, de *Jornada nas Estrelas*, perguntando-nos constantemente por que os outros sentem o que dizem sentir.

Enquanto os macacos (e muitos outros mamíferos sociais) parecem claramente apresentar o contágio emocional e um grau limitado de auxílio dirigido, o último fenômeno não é tão robusto quanto nos grandes símios. Por exemplo, no Parque Jigokudani de Macacos, no Japão, as mães de primeira viagem do gênero *Macaca* são mantidas longe das fontes de águas termais pelos zeladores do parque porque, por acidente, podem deixar seus filhotes se afogarem, ao não prestar-lhes atenção quando submergem nas lagoas. Isso é algo que essas macacas mães aparentemente têm de aprender com o tempo, o que demonstra que elas não adotam a perspectiva da prole de forma automática. Frans de Waal (1996)

Figura 5. A empatia cognitiva (a empatia combinada com a avaliação da situação do outro) permite a ajuda adequada às necessidades do outro. Nesse caso, uma mãe chimpanzé aproxima-se para auxiliar seu filho a descer da árvore, depois de ele ter guinchado e suplicado (ver gesto da mão). O auxílio dirigido pode requerer uma distinção entre o eu e o outro, capacidade também considerada como subjacente ao autorreconhecimento no espelho, presente em humanos, símios e golfinhos. Fotografia do autor.

atribuiu sua mudança comportamental à "adaptação aprendida", separando-a da empatia cognitiva, que é mais típica de símios e humanos. As mães símias respondem de modo imediato e apropriado às necessidades específicas de seus filhotes. Elas são muito cuidadosas, por exemplo, em mantê-los afastados da água, apressando-se a arrastá-los para longe caso eles se aproximem muito.

Em conclusão, a empatia não é um fenômeno do tipo tudo ou nada: ela engloba uma ampla gama de padrões de vínculo emocional, dos mais simples e automatizados aos mais sofisticados. Parece lógico tentar, em primeiro lugar, compreender as formas básicas de empatia, que são de fato muito difundidas, antes de abordar as variações que a evolução cognitiva tem construído sobre esse alicerce.

RECIPROCIDADE E JUSTIÇA

Chimpanzés e macacos-prego – as duas espécies com as quais eu mais trabalhei – são especiais porque estão entre os poucos primatas que compartilham alimentos fora do contexto de mãe-prole (Feistner e McGrew, 1989). O macaco-prego é um pequeno primata com o qual é fácil trabalhar, em contraste com o chimpanzé, que é bem mais forte que nós. Os membros de ambas as espécies se interessam pelos alimentos uns dos outros e dividem sua comida de vez em quando – algumas vezes, até entregam um pedaço ao outro. Mas em geral a partilha é passiva, isto é, um indivíduo pega a comida que pertence ao outro, que não faz nada para impedir. Mesmo a partilha passiva é especial em comparação com a maioria dos animais, com os quais uma situação semelhante resulta em luta ou afirmação do membro dominante, sem partilhar absolutamente nada.

GRATIDÃO EM CHIMPANZÉS

Estudamos sequências que envolviam a partilha da comida a fim de ver como um ato benéfico do indivíduo A para o indivíduo B afetaria o comportamento de B em relação a A. Previa-se que B iria apresentar um comportamento benéfico em relação a A como retribuição. O problema com a partilha da comida, porém, é que, depois de uma sessão de alimentação com todo o grupo, como a que usamos em nossos experimentos, a motivação para partilhar muda (os animais estão mais saciados). Por essa razão, a partilha de alimentos não pode ser a única variável medida. Incluiu-se então um segundo serviço social não afetado pelo consumo de alimentos. Para isso, utilizamos o comportamento de catação social nos membros antes da partilha dos alimentos. A frequência e a duração das centenas de episódios de catação espontânea em nossos chimpanzés foram medidas pela manhã. Meia hora após o término dessas observações, a partir do meio-dia mais ou menos, os símios receberam dois feixes de folhas e ramos amarrados de maneira bem firme. Cerca de 7 mil interações relacionadas com a comida foram registradas cuidadosamente por observadores; as informações foram registradas em um computador de acordo com as definições rigorosas descritas por mim (Frans de Waal, 1989 a). A base de dados resultante sobre os serviços espontâneos excedeu a de qualquer outro primata não humano.

Encontrou-se que os adultos tinham uma probabilidade maior de compartilhar a comida com os indivíduos que haviam praticado a catação neles anteriormente. Em outras palavras, se A tivesse praticado a catação em B pela manhã, B tinha uma probabilidade maior que a habitual de compartilhar alimentos com A mais tarde naquele mesmo dia. Porém, esse resultado poderia ser explicado de dois modos. A primeira hipótese é a do "bom-humor", de acordo com a qual os indivíduos que haviam recebido a catação estavam com um humor benevolente, o que os levava a compartilhar comida indiscriminadamente com todos os outros indivíduos. A segunda explicação é a hipótese da permuta direta, na qual o indivíduo que recebeu a catação responde com a partilha dos alimentos especificamente com o catador. Os dados indicaram que o aumento da partilha era específico para o catador prévio. Em outras palavras, parece que os chimpanzés se lembravam dos membros que haviam acabado de lhes prestar um serviço (catação) e respondiam a esses indivíduos compartilhando mais com eles. Além disso, os donos dos alimentos, diante da aproximação de outros membros, dirigiram protestos agressivos mais contra os que não haviam praticado a catação neles do que contra os que haviam sido seus catadores prévios. Essa é uma prova convincente da permuta recíproca específica entre parceiros (Frans de Waal, 1997b).

De todos os exemplos existentes de altruísmo recíproco em animais não humanos, a troca de comida por catação em chimpanzés parece ser a mais avançada cognitivamente. Nossos dados sugerem com segurança um mecanismo baseado na memória. Existiu um atraso de tempo significante entre os favores prestados e os favores recebidos (de meia hora a duas horas); assim, o favor foi retribuído bem depois da interação prévia. Além da memória de eventos passados, precisamos postular que a memória de um serviço recebido, como a catação, desencadeou uma atitude positiva em relação ao indivíduo que ofereceu esse serviço, mecanismo psicológico conhecido em humanos como "gratidão". A gratidão no contexto de troca recíproca foi prevista por Trivers (1971) e foi discutida por Bonnie e Frans de Waal (2004). Ela é classificada por Westermarck (1912 [1908]) como uma das "emoções amáveis retributivas" consideradas essenciais na moralidade humana.

JUSTIÇA EM MACACOS

Durante a evolução da cooperação, talvez tenha se tornado crítico para os agentes comparar seus próprios esforços e recompensas com os de outros membros. Podem surgir reações negativas em caso de expectativas violadas. Uma teoria recente propõe que a aversão à desigualdade pode explicar a cooperação humana dentro dos limites do modelo de escolha racional (Fehr e Schmidt, 1999). Do mesmo modo, as espécies não humanas cooperativas parecem ser guiadas por um conjunto de expectativas quanto ao resultado da cooperação e ao acesso aos recursos. Frans de Waal (1996, p. 95) propôs um *senso de regularidade social*, definido como "um conjunto de expectativas sobre o modo como um membro (ou outros) deve ser tratado e como os recursos devem ser divididos. Sempre que a realidade se desvia das expectativas, gerando desvantagem para um (ou para outros), ocorre uma reação negativa, mais comumente um protesto dos indivíduos subordinados e a prática do castigo por parte dos indivíduos dominantes".

O senso de como os outros devem ou não devem se comportar é essencialmente egocêntrico, embora os interesses dos indivíduos próximos do agente, em particular os familiares, possam ser levados em consideração. Observe-se que as expectativas não foram especificadas: elas tendem a ser típicas de cada espécie. Por exemplo, um macaco *Rhesus* não espera uma partilha de comida pelo membro dominante porque ele vive em uma sociedade despoticamente hierárquica, mas um chimpanzé com certeza a espera, daí a súplica, a lamúria e os chiliques se nenhum compartilhamento estiver disponível. Considero que as expectativas são o tópico não estudado mais importante no comportamento animal, o que é ainda mais lamentável por ser uma questão que trará o comportamento animal mais próximo do conceito de "dever" que com tanta clareza reconhecemos no campo da moral.

Com o intuito de explorar as expectativas dos macacos-prego, utilizamos sua capacidade de julgar e responder ao valor. Sabemos, baseados em estudos prévios, que os macacos-prego aprendem facilmente a atribuir valor aos objetos. Além disso, eles podem usar esses valores atribuídos para completar uma troca simples. Isso permitiu realizar um teste que elucidasse a aversão à injustiça, medindo as reações dos indivíduos a um membro que estava recebendo uma recompensa superior pelos mesmos objetos.

Para cada macaco no estudo, designamos um membro do grupo como parceiro; dessa forma, poderíamos observar suas reações quando seus parceiros obtivessem uma recompensa melhor ao

Figura 6. Uma fêmea de macaco-prego na jaula de teste devolve a ficha para o experimentador com sua mão direita, enquanto sua mão esquerda segura a mão humana. Seu parceiro observa. Desenho de Gwen Bragg e Frans de Waal com base em uma imagem de vídeo.

fazer a mesma tarefa de troca. Isso consistiu em uma permuta em que o experimentador dava ao macaco um objeto que poderia ser devolvido no mesmo instante em troca da recompensa (Figura 6). Em cada sessão, cada macaco fazia 25 trocas e o macaco sempre via a permuta do parceiro imediatamente antes da sua. As recompensas, na forma de comida, variaram das de menor valor (por exemplo, um pedaço de pepino), pelas quais eles habitualmente trabalhavam com alegria, às de valor mais elevado (por exemplo, uma uva), que eram preferidas por todos os animais testados. Todos os macacos foram submetidos a: (a) teste de equidade (TE), em que o macaco em estudo e o colega realizavam a mesma tarefa pelo alimento de mesmo valor baixo; (b) teste de desigualdade (TD), em que o colega recebia uma recompensa superior (uva) pelo mesmo trabalho; (c) teste de controle do esforço (TCE), concebido para elucidar o papel do trabalho, no qual o parceiro recebia uma uva, de maior valor, de maneira gratuita; e (d) teste de controle do alimento (TCA), concebido para esclarecer o efeito da presença da recompensa no comportamento do macaco em estudo: as uvas eram visíveis, mas não eram dadas ao outro macaco-prego.

Os animais que receberam recompensas de menor valor apresentaram tanto reações passivas negativas (por exemplo, recusavam-se a trocar a ficha, ignoravam a recompensa), como reações negativas ativas (por exemplo, jogavam a ficha ou a recompensa fora). Em comparação com os testes em que os dois animais recebiam recompensas idênticas, os macacos-prego mostravam-se muito menos dispostos a completar a permuta ou a aceitar a recompensa se seu parceiro recebesse uma recompensa melhor (Figura 7; Brosnan e Frans de Waal, 2003). Os macacos-prego recusavam-se com mais frequência a participar se seu parceiro não tivesse de trabalhar (permuta) para obter a melhor recompensa, mas a recebesse "de graça". Naturalmente, sempre havia a possibilidade de que os macacos-prego estivessem apenas reagindo à presença do alimento de maior valor e que a recompensa dada ao parceiro (de graça ou não) não afetasse sua reação. Contudo, no teste de controle do alimento, em que a recompensa de maior valor era visível, mas não era dada ao outro macaco, a reação à presença desse alimento de valor alto diminuía significativamente no decorrer do teste, o que descreve uma mudança na direção oposta ao que se observava, quando a recompensa de valor elevado era dada ao parceiro real. De forma clara, nossos macacos-prego diferenciam o fato de o alimento de maior valor ser consumido por um colega do fato de esse alimento estar tão só à vista, com rejeições mais intensas apenas diante da primeira circunstância (Brosnan e Frans de Waal, 2003).

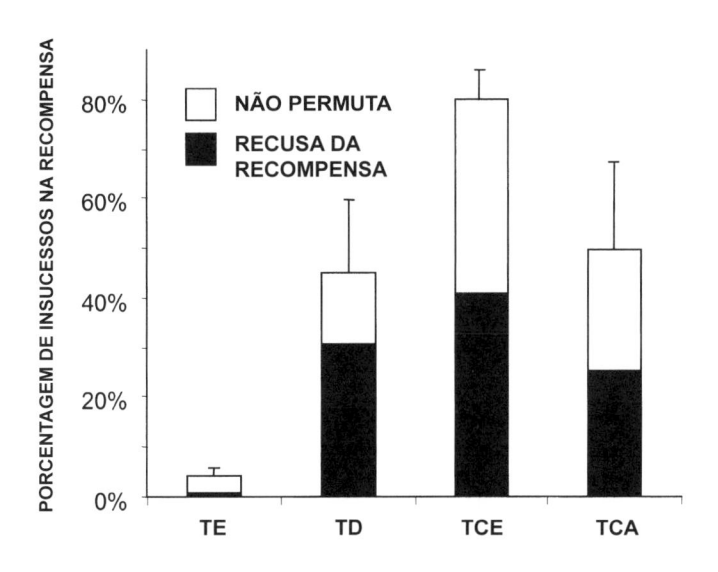

Figura 7. Porcentagem média + erro padrão da média de insucessos na permuta com fêmeas em quatro tipos de teste. As barras pretas representam a proporção de não permuta por recusa a aceitar as recompensas; as barras brancas representam a não permuta por recusa a devolver o objeto emprestado. TE = teste de equidade; TD = teste de desigualdade; TCE = teste de controle do esforço; TCA = teste de controle do alimento. O eixo vertical apresenta a porcentagem de não permuta.

Desse modo, os macacos-prego parecem assim medir a recompensa em termos relativos, comparando suas próprias recompensas com aquelas disponíveis, e seus próprios esforços com os dos outros macacos-prego. Ainda que nossos dados não possam elucidar as motivações precisas que estão por trás dessas respostas, uma possibilidade é que os macacos, como os seres humanos, sejam orientados por emoções sociais. Em seres humanos, essas emoções, conhecidas por "paixões" pelos economistas, guiam as reações de um indivíduo aos esforços, ganhos, perdas e atitudes dos outros (Hirschleifer, 1987; Frank, 1988; Sanfey et al., 2003). Em contraste com outros primatas marcados por hierarquias despóticas (como os *Rhesus*), as espécies tolerantes com uma capacidade bem desenvolvida para a partilha de alimentos e a cooperação (macacos-prego, por exemplo) podem ter expectativas emocionais expressivas relativas à distribuição de recompensas e permuta social – isto os leva a ter aversão pela injustiça.

Antes de falarmos em "justiça" neste contexto, é bom ressaltar uma diferença entre esta e a percepção humana de justiça. Um sentido pleno de justiça implicaria que o macaco "rico" compartilhasse sua comida com o "pobre", visto que ele deveria sentir que a compensação recebida é excessiva. Esse comportamento denunciaria interesse em um princípio de justiça superior, o que Westermarck (1917 [1908]) chamou "desinteressado", por isso, uma noção verdadeiramente moral. Mas não se trata desse tipo de reação que nossos macacos apresentaram: seu senso de justiça, se podemos chamá-lo assim, foi um tanto egocêntrico. Eles apresentaram uma expectativa de como eles próprios deveriam ser tratados e não de como todos ao seu redor deveriam ser tratados. Ao mesmo tempo, não se pode negar que o sentido pleno de justiça deve ter começado em algum lugar e que o eu é o local mais razoável para buscar essa origem. Uma vez que a forma egocêntrica existe, ela pode ser expandida para incluir os outros.

MÊNCIO E A PRIMAZIA DO AFETO

Há pouca coisa nova sob o Sol. A ênfase dada por Westermarck às emoções retributivas, amigáveis ou vingativas, lembra uma resposta de Confúcio à pergunta sobre a existência de uma única palavra que pudesse servir como prescrição para toda a vida de uma pessoa. Confúcio propôs "reciprocidade". Naturalmente, a reciprocidade também está no âmago da regra de ouro, que continua insuperável como resumo da moralidade humana. Saber que parte da psicologia subjacente a essa regra pode existir em outras espécies, junto com a empatia necessária, reforça a ideia de que a moralidade, em vez de uma invenção recente, faça parte da natureza humana.

Mêncio, seguidor de Confúcio, escreveu extensivamente sobre a bondade humana durante sua vida, de 372 a 289 a.C. Aos três anos de idade Mêncio perdeu seu pai, e sua mãe assegurou-se de que ele recebesse a melhor educação possível. Ela é tão conhecida quanto seu filho e ainda hoje os chineses a consideram um modelo maternal por sua devoção absoluta. Chamado de "segundo sábio", por sua enorme influência, perdendo apenas para Confúcio, Mêncio tinha uma inclinação subversiva, revolucionária, por salientar a obrigação dos dirigentes de atender as necessidades do povo. Seus escritos, registrados em pequenas placas de bambu e transmitidos de geração em geração, demonstram que o debate sobre sermos ou não morais por natureza é de fato antigo. Em um diálogo, Mêncio (s.d., p. 270-271) reage às opiniões de Kaou Tsze, que lembram a metáfora de Huxley do jardim e do jardineiro:

> A natureza do homem é como a do sabugueiro *ke*, e a retidão é como uma xícara ou tigela. Dar forma à benevolência e à retidão segundo a natureza do homem é como fabricar xícaras e tigelas com o sabugueiro *ke*.

Mêncio respondeu:

> Deixando a natureza do sabugueiro intocada, você pode fabricar xícaras e tigelas com ele? Você deve agir com violência e causar uma lesão no sabugueiro antes de fazer xícaras e tigelas com ele. De acordo com seus princípios, você também deve agir com violência e causar lesão à humanidade para extrair dela a benevolência e a retidão! Infelizmente, suas palavras, com certeza, levariam todos os homens a pensar que a benevolência e a retidão são calamidades.

Mêncio acreditava que os seres humanos tendem a fazer o bem de forma tão natural quanto a água que corre montanha abaixo. Isso também se torna claro no seguinte comentário, no qual ele procura excluir a possibilidade da pauta dupla freudiana entre os motivos apresentados e os motivos sentidos, porque a imediatice das emoções morais, como a compaixão, não deixa espaço para contorcionismos cognitivos:

> Quando digo que todos os homens têm uma mente que não suporta ver o sofrimento de outrem, o que quero dizer pode ser assim ilustrado: mesmo hoje em dia, se um grupo de homens vê subitamente uma criança prestes a cair em um poço, todos, sem exceção, experimentam um sentimento de alarme e angústia. Eles se sentirão assim, não porque podem ganhar o reconhecimento dos pais da criança, nem porque almejem o elogio de seus vizinhos e amigos, nem por aversão à reputação de não se ter mexido por uma situação como essa. Com base nesse caso, podemos notar que o sentimento de comiseração é essencial para o homem. (Mêncio, s.d., p. 78)

Esse exemplo de Mêncio nos lembra a epígrafe de Westermarck ("Podemos nos abster de sentir compaixão por nossos amigos?") e a citação de Smith ("Por mais egoísta que o homem possa ser..."). A ideia central subjacente a todas essas três afirmações é que a angústia, quando se vê a dor de outra pessoa, é um impulso sobre o qual temos pouco ou nenhum controle: ele nos agarra instantaneamente, como um reflexo, sem tempo para que pesemos os prós e os contras. Todas essas afirmações fazem alusão a um processo involuntário, como o mecanismo de percepção-ação (MPA). É digno de nota que os possíveis motivos alternativos citados por Mêncio também figuram na literatura moderna, em geral sob o título de construção de reputação. A grande diferença, então, é que Mêncio rejeitou essas explicações como muito artificiais, considerando o imediatismo e a força do impulso compassivo. A manipulação da opinião pública é inteiramente possível em outros momentos, disse ele, mas não no exato instante em que a criança cai em um poço.

Concordo totalmente. A evolução produziu espécies que seguem os impulsos cooperativos de modo genuíno. Não sei se as pessoas, bem no fundo, são boas ou más, mas acreditar que todo e qualquer gesto seja calculado de forma egoística – ao mesmo tempo que se esconde isso dos outros (e com frequência até de nós próprios) – parece superestimar em muito as faculdades intelectuais humanas, sem falar das de outros animais. Salvo os exemplos já discutidos em animais, de consolo de indivíduos em sofrimento e proteção contra agressão, existe uma vasta literatura sobre empatia e compaixão em humanos que, em geral, concorda com a avaliação de Mêncio, de que impulsos relacionados com isso ocorrem antes, e as racionalizações depois (por exemplo, Batson, 1990; Wispé, 1991).

O INTERESSE PELA COMUNIDADE

Neste ensaio tracei um contraste claro entre duas escolas de pensamento sobre a bondade humana. Uma escola vê as pessoas como essencialmente más e egoístas e, assim sendo, a moralidade como uma mera camada cultural sobreposta. Essa escola, personificada por T. H. Huxley, ainda está muito presente entre nós, embora eu tenha observado que ninguém (nem mesmo os que endossam essa posição) gosta de ser chamado de "teórico do revestimento". Isso pode ser devido ao termo empregado, ou ao fato de que toda vez que as suposições subjacentes na teoria do revestimento se tornem explicitas, parece óbvio que – a menos que se esteja disposto a seguir o caminho puramente racionalista dos seguidores modernos de Hobbes, como Gauthier (1986) – a teoria não oferece nenhum tipo de explicação sobre como passamos de animais amorais para animais morais. A teoria discorda das evidências do processamento emocional como força motriz subjacente ao julgamento moral. Se a moralidade humana pudesse ser reduzida a cálculos e raciocínio, nos aproximaríamos dos psicopatas, que, na realidade, não têm intenção de ser amáveis quando agem com gentileza. A maioria de nós espera ser um pouco melhor do que isso, daí a possível aversão ao contraste preto no branco que descrevi entre a teoria do revestimento e a corrente alternativa, que procura fundamentar a moralidade na natureza humana.

Essa corrente considera que a moralidade surgiu de forma natural em nossa espécie e acredita que existam razões evolucionárias sólidas para as competências envolvidas. Entretanto, a estrutura teórica que explica a transição do animal social para o ser humano moral consiste apenas em conhecimentos fragmentados. Seus fundamentos são as teorias de seleção de parentesco e altruísmo recíproco, mas é óbvio que outros elementos deverão ser acrescidos. Ao estudar a construção de reputação, princípios de justiça, empatia e resolução de conflitos (em literaturas diversas que não serão reportadas aqui), conclui-se que parece haver um movimento promissor em direção a uma teoria mais integrada de como a moralidade possa ter surgido (ver Katz, 2000).

Além disso, é preciso observar que as pressões do processo evolutivo responsáveis por nossas tendências morais podem não ter sido todas elas amáveis ou positivas. Afinal, a moralidade é em grande medida um fenômeno intragrupal. De modo geral, os seres humanos tratam os indivíduos não pertencentes a seu grupo muito pior do que os membros de sua própria comunidade: na realidade, as regras morais dificilmente parecem aplicar-se a quem é de fora. É verdade que, nos tempos modernos, existe um movimento para expandir o círculo da moralidade e incluir até combatentes adversários – por exemplo, a Convenção de Genebra, adotada em 1949 –, mas todos nós sabemos quão frágil ainda é esse esforço. A moralidade provavelmente evoluiu como um fenômeno intragrupal em conjunto com outras competências intragrupais típicas, como resolução dos conflitos, cooperação e compartilhamento.

Todavia, a primeira lealdade de todo indivíduo não é com o grupo, mas consigo e seus familiares. Com a integração social crescente e a dependência da cooperação, os interesses compartilhados devem ter se tornado cada vez mais importantes, de modo que a comunidade como um todo se tornou uma questão. O maior passo na evolução da moralidade humana foi a transição das relações interpessoais para um foco com o bem comum. Em símios, podemos ver os primórdios disso quando eles aparam arestas nos relacionamentos entre outros membros do grupo. As fêmeas podem reconciliar os machos após uma luta, mediando assim uma reaproximação, e os machos de alto escalão com frequência encerram lutas entre outros membros de modo imparcial, promovendo assim a paz no grupo. Vejo esse comportamento como um reflexo do *interesse pela comunidade* (Frans de Waal, 1996), o que, por sua vez, reflete a participação de cada membro do grupo para manter uma atmosfera cooperativa. A maioria dos indivíduos tem muito a perder se a comunidade se fragmentar, o que explica o interesse na sua integridade e harmonia. Ao discutir questões semelhantes, Boehm (1999) acrescentou o papel da pressão social, pelo menos em seres humanos: toda a comunidade se esforça para recompensar o comportamento que beneficia o grupo e punir o comportamento que o prejudica.

É evidente que a força mais poderosa para produzir um sentimento comunitário é a animosidade contra os membros que não pertencem a ela. Ela força a união entre elementos que normalmente estão em desacordo. Isso pode não ser visível no zoológico, mas é em definitivo um fator nos chimpanzés que vivem na selva e demonstram violência letal entre as comunidades (Wrangham e Peterson, 1996). Em nossa própria espécie, nada é mais óbvio que o fato de nos associarmos contra adversários. Na história da evolução humana, a hostilidade contra o grupo externo aumentou a solidariedade no interior do grupo a ponto de fazer surgir a moralidade. Em vez de melhorar apenas as relações ao nosso redor, como os símios fazem, dispomos de ensinamentos explícitos sobre o valor da comunidade e a precedência que ela tem, ou deveria ter, sobre os interesses individuais. Nós os humanos levamos essa questão muito mais longe que os símios (Alexander, 1987), razão pela qual temos sistemas morais e eles não.

Desse modo, resulta irônico que nossa conquista mais nobre – a moralidade – tenha laços evolutivos com nosso comportamento mais vil – a guerra. O sentimento de comunidade exigido pela primeira resultou da última. Quando ultrapassamos o ponto crítico entre os interesses individuais opostos e os interesses compartilhados, alteramos a pressão social para nos certificarmos de que cada um contribuiu com o bem comum.

Se aceitarmos essa visão de uma moralidade evoluída, isto é, moralidade como um desenvolvimento lógico das tendências cooperativas, não estaríamos indo contra nossa própria natureza por desenvolver uma atitude moral e prestadora de cuidados. Tampouco a sociedade civil é um jardim fora de controle, dominado por um suado jardineiro, como pensava Huxley (1989 [1894]). As atitudes morais têm estado conosco desde o início, e o jardineiro é, como Dewey diz com propriedade, um agricultor orgânico. O jardineiro bem-sucedido cria condições e introduz espécies de plantas que podem não ser normais nesse lote de terra específico, "mas que se adaptam à prática habitual e ao uso da natureza como um todo" (Dewey, 1993 [1898], p. 109-110). Em outras palavras, não estamos enganando a todos com hipocrisia quando agimos moralmente; estamos tomando decisões que fluem de instintos sociais mais antigos que a nossa espécie, ainda que acrescentemos a eles a complexidade singular humana de uma preocupação desinteressada com os outros e com a sociedade como um todo.

De acordo com Hume (1985 [1739]), que via a razão como escrava das paixões, Haidt (2001) pediu uma reavaliação minuciosa do papel desempenhado pela racionalidade nos julgamentos morais, sob o argumento de que a maior parte da justificação humana parece ocorrer *post hoc*, isto é, depois de terem sido formados os juízos morais com base em intuições automatizadas e rápidas. Enquanto a teoria do revestimento, com sua ênfase na singularidade humana, prevê que a resolução dos problemas morais se deve a acréscimos evolutivos recentes ao nosso cérebro – como o córtex pré-frontal –, a neuroimagem demonstra que o julgamento moral envolve, na realidade, uma ampla variedade de áreas cerebrais, algumas delas antiquíssimas (Greene e Haidt, 2002). Em resumo, a neurociência parece respaldar a moralidade humana como evolutivamente ancorada na socialidade dos mamíferos.

Celebramos a racionalidade, mas quando as coisas apertam atribuímos pouca importância a ela (MacIntyre, 1999). Isso é especialmente verdadeiro no domínio moral. Imagine que um consultor extraterrestre nos aconselhe a matar as pessoas, assim que elas manifestem sintomas de gripe. Ao fazê-lo, diriam, mataríamos menos pessoas do que se permitíssemos que a epidemia seguisse seu curso. Cortando o mal da gripe pela raiz, salvaríamos vidas. Por mais lógico que isso possa parecer, duvido que muitos de nós optássemos por essa medida. Isso ocorre porque a moralidade humana é ancorada firmemente nas emoções sociais, tendo a empatia em seu centro. As emoções são nossa bússola. Matar membros de nossa própria comunidade provoca uma grande repulsa, e nossas decisões morais refletem esses sentimentos. Pelas mesmas razões, as pessoas fazem objeção a soluções morais que envolvam ferir o outro de modo direto (Greene e Haidt, 2002). Isso pode ocorrer porque a violência direta tem sido submetida à seleção natural, enquanto as deliberações utilitárias não.

Um apoio adicional à abordagem intuicionista da moralidade provém de pesquisas em crianças. Os psicólogos do desenvolvimento costumavam acreditar que a criança aprende suas primeiras distinções morais por medo de punição e desejo de elogio. Como os defensores da teoria do revestimento, eles concebiam a moralidade como proveniente do exterior, imposta pelos adultos a uma criança egoísta, passiva, por natureza. Pensava-se que as crianças adotavam os valores parentais para construir um superego, agência moral do eu. Deixadas por sua própria conta, as crianças nunca chegariam perto de algo próximo à moralidade. Sabemos hoje, porém, que as crianças pequenas compreendem a diferença entre princípios morais ("não roube") e convenções culturais ("não pode ir de pijama para a escola"). Elas aparentemente percebem que a quebra de certas regras prejudica e fere os outros, ao passo que a quebra de outras regras viola as expectativas sobre o que é apropriado. Suas atitudes não parecem se basear exclusivamente na recompensa e punição. Ainda que muitos manuais de pediatria continuem retratando as crianças pequenas como monstros autocentrados, pesquisas recentes evidenciam que, por volta de um ano de idade, elas são capazes de confortar espontaneamente outras pessoas aflitas (Zahn-Waxler et al., 1992) e que, logo depois disso, começam a desenvolver uma perspectiva moral por meio de suas interações com os membros de sua própria espécie (Killen e Nucci, 1995).

Em vez de praticar "violência contra o sabugueiro", como no exemplo de Mêncio, para criar xícaras e tigelas de uma moralidade artificial, nós dependemos do crescimento natural em que as emoções simples, como as encontradas em crianças pequenas e animais sociais, desenvolvem-se em sentimentos mais refinados e inclusivos de outros que reconhecemos como moralidade subjacente. É óbvio que meu próprio argumento aqui gira em torno da continuidade entre instintos sociais humanos e os de nossos parentes mais próximos – os macacos e os símios –, mas acho que estamos na iminência de uma mudança muito maior na teorização que terminará situando com firmeza a moralidade no centro emocional da natureza humana. O pensamento de Hume está retornando de forma grandiosa.

Por que a biologia evolucionista se afastou de seu trajeto durante os últimos 25 anos do século XX? Por que a moralidade foi considerada artificial (não natural)? Por que os altruístas foram retratados como hipócritas? Por que as emoções foram deixadas fora da discussão? Por que se repetiram os discursos contra nossa própria natureza, e por que desconfiar do "mundo darwiniano"? A resposta está no que tenho chamado de *erro de Beethoven*. Dizem que Ludwig van Beethoven produziu suas belas e complexas composições em um dos apartamentos mais desarrumados e sujos de Viena. Do mesmo modo, não há uma conexão entre o processo da seleção natural e seus muitos produtos. O "erro de Beethoven" é pensar que, como a seleção natural é um processo cruel e impiedoso de eliminação, ela só pode ter produzido criaturas cruéis e impiedosas (Frans de Waal, 2005).

No entanto, a panela de pressão da natureza não funciona desse modo. Ela favorece os organismos que sobrevivem e se reproduzem, pura e simplesmente. Como eles fazem isso é uma questão ainda não resolvida. Qualquer organismo que possa fazer melhor, tornando-se mais ou menos agressivo que o restante, mais ou menos cooperativo ou mais ou menos bondoso, propagará seus genes.

O processo não especifica o caminho do sucesso. A seleção natural tem a capacidade de produzir uma variedade incrível de organismos, dos mais isolados e competitivos aos mais bondosos e gentis. O mesmo processo pode não ter especificado nossos valores e regras morais, mas nos dotou com a estrutura psicológica, tendências e competências necessárias para desenvolver uma bússola, que leve em consideração os interesses de toda a comunidade capaz de nos guiar nas decisões de vida. Esta é a essência da moralidade humana.

APÊNDICE A
ANTROPOMORFISMO E ANTROPONEGAÇÃO

Com frequência, quando visitantes humanos caminham confiantes em direção aos chimpanzés na Yerkes Field Station, uma fêmea adulta, chamada Georgia (Figura 8), dirige-se apressadamente até a torneira para encher a boca de água antes que eles cheguem. Ela mistura-se, então, descontraída ao restante da colônia atrás da cerca de malha do complexo ao ar livre, e nem o melhor observador notaria qualquer coisa inusitada nela. Se necessário, Georgia aguardará alguns minutos com os lábios fechados até que os visitantes se aproximem. Nesse momento, ouvem-se gritos e risadas e observam-se pulos e até quedas, quando ela subitamente borrifa água sobre eles.

Não se trata de uma simples travessura, visto que Georgia faz esse tipo de coisa previsivelmente, e conheci um bom número de outros símios que são bons em surpreender pessoas ingênuas – e não apenas pessoas ingênuas. Hediger (1955), o grande zoobiólogo suíço, narra como, mesmo quando estava muito bem preparado para enfrentar um desafio semelhante, prestando atenção a cada movimento do símio, era encharcado por um velho chimpanzé com longa experiência nesse jogo.

Figura 8. Georgia, nosso chimpanzé fêmea mais malcriado, fascinado por seu próprio reflexo na lente da câmera. Fotografia do autor.

Uma vez encontrei-me numa situação semelhante a essa com Georgia (isto é, eu sabia que ela havia ido até a torneira e se aproximava de mim furtivamente). Encarei-a, olhando-a direto nos olhos, e, apontando meu dedo para ela, fiz uma advertência em holandês: "Eu te vi!". Ela no mesmo instante se afastou e deixou parte da água cair, engolindo o resto. É certo que não desejo afirmar que ela compreenda holandês, mas ela deve ter sentido que eu sabia o que ela estava tramando e que não seria um alvo fácil.

A situação curiosa em que os cientistas que trabalham com esses animais fascinantes se encontram é que eles não podem deixar de interpretar muitas de suas ações em termos humanos, o que automaticamente provoca a ira dos filósofos e de outros cientistas, muitos dos quais trabalham com ratos domésticos ou pombos ou não trabalham com animal nenhum. Como não podem falar por experiência própria, esses críticos devem sentir-se muito confiantes de si mesmo quando descartam os relatos dos primatólogos por serem antropomórficos, e explicam como se deve evitar cair nisso.

Embora não tenham chegado a mim relatos de tática de emboscada espontânea em ratos, é concebível que esses animais possam ser treinados por meio de paciente reforço positivo a reter água na boca e permanecer entre outros ratos. E se os ratos pudessem aprender a fazê-lo, o que teria de mais? A mensagem dos críticos do antropomorfismo é alguma coisa como: "Georgia não tem nenhum plano; Georgia não sabe que está pregando uma peça nas pessoas; Georgia simplesmente aprende coisas mais rápido que um rato". Assim, em vez de procurar a origem das ações de Georgia em seu interior e atribuir-lhe uma intenção, eles propõem procurar a origem no meio e em como ele condiciona o comportamento. Em vez de ser a criadora de seu próprio ritual de recepção dos visitantes, esse chimpanzé tornou-se vítima da irresistível força da surpresa e do aborrecimento dos humanos. Georgia é inocente!

Mas por que devemos deixá-la escapar tão facilmente? Qualquer ser humano que agisse desse modo seria repreendido, detido ou responsabilizado. Por que então um animal, ainda que se trate de um animal de uma espécie que tanto se assemelha à nossa, é considerado um simples instrumento passivo de contingências de estímulo-resposta? Visto que a ausência de intencionalidade é tão difícil de comprovar quanto a sua existência, e que nunca foi comprovado que os animais diferem fundamentalmente das pessoas nesse aspecto, é difícil reconhecer a base científica dessas pressuposições contrastantes. Decerto a origem desse dualismo deve ser encontrada, em parte, fora da ciência.

O dilema enfrentado hoje pela ciência behaviorista pode ser resumido em uma escolha entre a parcimônia cognitiva e a parcimônia evolucionária (Frans de Waal 1991, 1999). *A parcimônia cognitiva* é o cânone tradicional do behaviorismo norte-americano. Ele nos ensina a não recorrer a capacidades mentais superiores se pudermos explicar um fenômeno por meio das capacidades mentais inferiores na escala. Assim, prefere-se uma explicação simples, como comportamento condicionado, a outra mais complexa, como o engano intencional. Isso soa bastante justo (mas ver Sober, 1990). A *parcimônia evolucionária*, por outro lado, considera a filogênese partilhada. Ela postula que, se as duas espécies intimamente relacionadas agem da mesma maneira, os processos mentais subjacentes provavelmente também são iguais. A alternativa seria presumir a evolução de processos divergentes que produzem comportamento similar, o que parece uma pressuposição muito dispendiosa para organismos com apenas alguns milhões de anos de evolução diferente. Se normalmente não propomos causas distintas para o mesmo comportamento de cães e lobos, por exemplo, por que deveríamos fazê-lo para humanos e chimpanzés?

Em resumo, o acalentado princípio da parcimônia assume duas vertentes. Ao mesmo tempo que devemos preferir as explicações cognitivas menos complexas que outras, também não devemos criar um duplo padrão de avaliação de acordo com o qual o comportamento partilhado de humanos e símios seja explicado de forma diferente. Se as explicações do comportamento humano recorrem comumente a habilidades cognitivas complexas – e com certeza a maioria o faz (Michel, 1991) –, devemos considerar com cuidado que essas competências talvez também estejam presentes nos símios. Não precisamos tirar conclusões precipitadas, mas a possibilidade deve ao menos ser considerada.

Mesmo que a necessidade dessa pausa intelectual seja sentida de modo mais urgente em relação a nossos parentes primatas, isso não se limita a esse grupo taxonômico, nem aos casos de cognição complexa. Os estudiosos do comportamento animal se confrontam com a escolha entre classificar os animais como autômatos ou aceitar que eles possuam volição e competências de processamento de informação. Enquanto uma escola alerta sobre o perigo de afirmar o que não se pode comprovar, a outra adverte contra excluir o que pode estar presente: para o observador humano, mesmo insetos e peixes parecem impulsionados por sistemas de desejo e busca, que os fazem conscientes do entorno em que se movem. As descrições que colocam os animais mais próximos de nós do que das máquinas adotam uma linguagem que usamos habitualmente para descrever a ação humana. É inevitável que essas descrições soem antropomórficas.

Obviamente, se definimos antropomorfismo como a atribuição incorreta de qualidades humanas a animais, ninguém deseja estar associado a ele. Na maior parte do tempo, entretanto, usa-se uma definição mais abrangente, a saber, a descrição do comportamento animal em termos humanos e, por isso, intencionalista. Ainda que nenhum defensor do antropomorfismo defenderia a aplicação desse tipo de linguagem sem sentido crítico, mesmo os oponentes mais fiéis não negam seu valor como instrumento heurístico. É esse uso do antropomorfismo, como meio de chegar à verdade e não como um fim em si, que distingue seu uso na ciência do uso leigo. O objetivo final do cientista que antropomorfiza, deve-se enfatizar, é obter ideias que possam ser testadas e observações que possam ser reproduzidas, e não a projeção mais satisfatória dos sentimentos humanos sobre o animal.

Isso requer uma grande familiaridade com a história natural e os traços específicos da espécie em estudo, e um esforço para suprimir a pressuposição questionável de que os animais sentem e pensam como nós. Alguém que não consiga imaginar que as formigas são saborosas não pode antropomorfizar com êxito o tamanduá. Assim, para ter qualquer valor heurístico, nossa linguagem deve respeitar as peculiaridades de uma espécie e, ao mesmo tempo, formulá-las de modo que ocorra alguma identificação com a experiência humana. Novamente, é mais fácil que isso ocorra com animais próximos de nós do que com animais como golfinhos ou morcegos, que se movimentam em um meio diferente ou que percebem o mundo com auxílio de diferentes sistemas sensoriais. A apreciação da diversidade dos *Umwelten*[1] (von Uexküll, 1909) no reino animal continua a ser um dos principais desafios do estudioso do comportamento animal.

A discussão sobre o uso e o abuso do antropomorfismo, que durante anos esteve restrito ao pequeno círculo acadêmico, foi recentemente empurrado para o centro das atenções por dois livros: *The New Anthropomorphism* [O novo antropomorfismo], de Kennedy (1992) e *The Hidden Life of Dogs* [A vida oculta dos cães], de Elizabeth Marshall Thomas (1993). Kennedy reitera os riscos e as armadilhas de presumir capacidades cognitivas superiores às que se podem comprovar, defendendo assim a parcimônia cognitiva. Marshall Thomas, por outro lado, fala sem restrições ao viés antropomórfico no seu estudo informal do comportamento canino. Em seu best-seller, a antropóloga deixa que cadelas virgens "poupem" sua virgindade para os futuros "maridos" (isto é, ignorem as atenções sexuais antes de encontrar um macho preferido, p. 56), observa lobos partirem para a caça sem "autocompaixão" (p. 39) e não percebe nos olhos de seus cães, durante um ataque em bando violento, "raiva, medo, ameaça, sinal de agressão, apenas clareza e determinação esmagadora" (p. 68).

Existe muita diferença entre o uso do antropomorfismo com fins de comunicação ou de gerar hipóteses, e o tipo de antropomorfismo que faz pouco mais que projetar emoções e intenções humanas em animais sem justificativa, explicação ou investigação

---

[1] O termo *umwelt* corresponde em português a ambiente, mundo ambiente ou, com menos propriedade, meio ambiente. No sentido, porém, em que o autor o emprega, ele significa qualquer coisa que depende do ser vivo considerado, e resulta de uma espécie de seleção por este realizada, dentre todos os elementos do ambiente, em virtude da sua própria estrutura específica – o seu mundo-próprio. [N. da E.]

(Mitchell et al., 1997). O antropomorfismo acrítico de Marshall Thomas é precisamente o que deu má fama à prática e tem levado os críticos a se opor a ele em todas as suas formas e disfarces. Mas, em vez de deixá-los jogar fora o bebê com a água suja do banho, a única questão que requer uma resposta é se uma certa dose de antropomorfismo, usada de modo crítico, auxilia ou prejudica o estudo do comportamento animal. Seria o antropomorfismo algo que, como Hebb (1946) já havia observado, nos permite compreender o comportamento animal e, como Cheney e Seyfarth (1990, p. 303) declararam, que "funciona" na medida em que aumenta a previsibilidade do comportamento? Ou seria algo que, como Kennedy (1992) e outros argumentam, precisa ser trazido sob controle, quase como uma doença, porque transforma animais em humanos?

Ao mesmo tempo que é verdade que os animais não são humanos, é igualmente verdade que os humanos são animais. A resistência a essa verdade simples, mas inegável, é o que subjaz à resistência ao antropomorfismo. Tenho caracterizado essa resistência como *antroponegação*, rejeição *a priori* de características partilhadas entre humanos e animais. A antroponegação denota a cegueira deliberada às características animais semelhantes às humanas ou às nossas características semelhantes às dos animais (Frans de Waal, 1999). Ela reflete uma antipatia pré-darwiniana às semelhanças profundas entre o comportamento humano e o comportamento animal (por exemplo, cuidados maternos, comportamento sexual, busca pelo poder) observadas por qualquer pessoa com mente aberta.

A ideia de que essas semelhanças requerem explicações unitárias não é nova absolutamente. Um dos primeiros a defender a uniformidade explanatória para diferentes espécies foi David Hume (1985 [1739], p. 226), que formulou o seguinte princípio básico em

A Treatise of Human Nature [Tratado da natureza humana]:

> É a partir da semelhança das ações externas dos animais com as que nós mesmos realizamos, que julgamos igualmente as semelhanças internas com as nossas; e o mesmo princípio de raciocínio, levado um passo adiante, nos fará concluir que, como nossas ações internas se assemelham, as causas das quais elas se derivam também devem ser semelhantes. Consequentemente, quando se propõe qualquer hipótese para explicar uma operação mental comum a homens e animais, devemos aplicar a mesma hipótese a ambos.

É importante acrescentar que, em contraste com os behavioristas norte-americanos que dois séculos após Hume acomodavam animais e humanos em um único sistema, depreciando seriamente a complexidade mental humana e relegando a consciência ao âmbito da superstição (por exemplo, Watson, 1930), Hume (1985 [1739], p. 226) tinha os animais em alta estima, escrevendo que "nenhuma verdade me parece mais evidente que a de os animais serem dotados de pensamento e razão, assim como os homens".

Rigorosamente falando, não se pode ostentar uma teoria unificada de todo o comportamento – humano e animal – ao mesmo tempo que se condena o antropomorfismo. Afinal, o antropomorfismo presume experiências semelhantes em humanos e animais. Isso é exatamente o que se esperaria em caso de processos subjacentes compartilhados. A oposição dos behavioristas ao antropomorfismo provavelmente sofreu uma reviravolta porque ninguém em sã consciência levaria a sério a afirmação deles de que as operações mentais internas em *nossa* espécie são produto da imaginação. As pessoas em geral recusaram-se a aceitar que seu próprio comportamento pudesse ser explicado sem considerar pensamentos, sentimentos e intenções. Não temos vida mental? Não olhamos em direção ao futuro? Não somos seres racionais?

Por fim, os behavioristas cederam, excluindo o símio bípede de sua teoria de tudo.

Aqui se iniciou o problema para os outros animais. Uma vez que se admitiu a complexidade cognitiva dos seres humanos, o restante do reino animal tornou-se a única fonte de luz do behaviorismo. Esperava-se que os animais seguissem a lei do efeito[2] literalmente; qualquer um que pensasse o contrário cairia em antropomorfismo. A atribuição a animais de experiências similares às humanas foi encarada como um pecado capital. De uma ciência unificada, o behaviorismo deteriorou-se em uma ciência dicotômica com duas linguagens distintas: uma para o comportamento humano e outra para o comportamento animal.

Desse modo, a resposta à pergunta "O antropomorfismo não é perigoso?" é "Sim"; é perigoso para os que desejam construir um muro entre os humanos e os outros animais. O antropomorfismo situa todos os animais, incluindo os humanos, no mesmo plano explicativo. Porém, dificilmente é perigoso para os que trabalham com uma perspectiva evolucionista, contanto que eles tratem as explicações antropomórficas como hipóteses (Burghardt, 1985). O antropomorfismo é uma possibilidade entre muitas outras, mas deve ser considerado seriamente uma vez que aplica uma série de ideias intuitivas sobre nós a outras criaturas que se parecem conosco. É a aplicação do autoconhecimento humano ao comportamento animal. O que poderia haver de errado nisso? Aplicamos a intuição humana na matemática e na química. Desse modo, por que deveríamos suprimi-la no estudo do comportamento animal? Um argumento mais forte ainda: alguém acredita de verdade que o antropomorfismo possa ser evitado? (Cenami Spada, 1997).

---

[2] Refere-se à teoria desenvolvida por Edward Thornidike (1874-1949) [N. da E.]

Finalmente, devemos perguntar: que tipo de risco estamos dispostos a assumir – o risco de subestimar a vida mental animal ou o risco de superestimá-la? Existe simetria entre o antropomorfismo e a antroponegação e, como cada um tem seus pontos fortes e seus pontos fracos, não existe nenhuma resposta simples. Porém, do ponto de vista da evolução, a travessura de Georgia é explicada de modo mais parcimonioso, do mesmo modo como explicamos nosso próprio comportamento – como resultado de uma vida interior complexa e familiar.

APÊNDICE B
OS SÍMIOS TÊM UMA TEORIA DA MENTE?

A pesquisa de intersubjetividade em primatas iniciou-se com Menzel (1974), que soltou chimpanzés jovens em um grande cercado ao ar livre. Apenas um deles sabia o local onde o alimento (ou uma cobra de brinquedo) estava escondido, enquanto seus companheiros não tinham essa informação. Contudo, eles pareciam ser perfeitamente capazes de "adivinhar" a partir do comportamento de quem conhecia o esconderijo. O experimento clássico de Menzel, combinado com a noção de Humphrey (1978) dos animais como "psicólogos naturais" e com a "teoria da mente" desenvolvida por Premack e Woodruff (1978), inspirou o paradigma adivinhador-versus-conhecedor, ainda hoje popular na pesquisa sobre intersubjetividade tanto em símios como em crianças.

A teoria da mente refere-se à capacidade de reconhecer os estados mentais dos outros. Se você e eu nos encontramos em uma festa e eu acho que você acha que nós nunca nos encontramos antes (ainda que de fato tenhamos nos encontrado), eu tenho uma teoria sobre o que está passando em sua cabeça. Considerando que alguns cientistas afirmam que essa capacidade é singularmente humana, é irônico que todo o conceito da teoria da mente tenha se originado em pesquisas com primatas. Ela tem sofrido altos e baixos sérios desde então. Alguns concluíram, com base em demonstrações malsucedidas, que os símios não devem ter teoria da mente (por exemplo, Tomasello, 1999; Povinelli, 2000). No entanto, é impossível interpretar os resultados negativos. Como diz o ditado, a ausência de prova não é prova de ausência. Um experimento pode não funcionar por razões que nada têm a ver com a capacidade em questão. Quando se comparam símios e crianças, por exemplo, um dos problemas é que o experimentador é invariavelmente um humano, de modo que apenas os símios enfrentam uma barreira entre espécies (Frans de Waal, 1996).

Para os símios em cativeiro, devemos parecer todo-poderosos e oniscientes. Aproximamo-nos dos chimpanzés sob nossos cuidados já cientes das últimas novidades sobre eles, informados por terceiros (por exemplo, fomos informados por telefone de um ferimento ou nascimento). Os chimpanzés devem reparar que nós, com frequência, sabemos coisas antes de tê-los visto. Isso torna os humanos inerentemente inadequados como participantes de experimentos sobre o papel da visão no saber, ponto fundamental na pesquisa da teoria da mente.

Tudo o que a maioria dos experimentos tem conseguido até agora é colocar à prova a teoria que os símios têm sobre a mente humana. Devemos melhorar nossa compreensão da teoria que os símios têm sobre a mente de outros símios. Quando o experimentador humano é retirado do experimento, os chimpanzés parecem concluir que, se um outro de seus congêneres viu o alimento escondido, esse indivíduo sabe (Hare et al., 2001). Essa descoberta, em conjunto com evidências crescentes de que os símios possuem a perspectiva visual (Shillito et al., 2005; Bräuer et al., 2005; Hare et al., 2006; Hirata, 2006), reabriu a questão da existência de uma teoria da mente animal. Ocorreu uma mudança inesperada (porque a discussão gira ao redor de humanos e símios) quando recentemente um macaco-prego na Universidade de Quioto passou por vários testes de ver-saber de modo brilhante (Kuroshima et al., 2003). Uns poucos resultados tão positivos bastam para pôr em dúvida todos os resultados negativos anteriores.

O único modo de elucidar a inteligência dos símios é projetar experimentos que os envolvam intelectual e emocionalmente. Os símios são bons em resolver problemas, como salvar um filhote de um ataque, passar a perna em um rival, evitar conflito com o macho dominante, sair de fininho com um companheiro ou companheira. Existem muitos relatos que sugerem a teoria da mente na vida social dos símios e, ainda que se trate de eventos isolados – algumas vezes, depreciativamente rotulados de anedóticos – eu os considero muitíssimo significativos. Afinal, um passo de um homem na Lua foi suficiente para que afirmássemos que ir à Lua está dentro da nossa capacidade. Se um observador experiente e confiável relata um incidente notável, é melhor a ciência prestar muita atenção. No mínimo, esses relatos podem ter valor heurístico (Frans de Waal, 1991). No que se refere aos símios que consideram a perspectiva do outro, não temos algumas histórias apenas, temos inúmeras. Na primeira parte deste livro relatei as histórias de Kuni e o pássaro, e de Jakie e sua antiga cuidadora. Deixem-me apresentar mais dois exemplos (Frans de Waal, 1989a).

> Em frente ao antigo cercado dos bonobos no Zoológico de San Diego, havia um fosso de água de dois metros de profundidade que tinha sido drenado para limpeza. Depois de o terem esfregado e soltado os símios, os tratadores foram abrir a válvula para enchê-lo novamente. De repente Kakowet, um macho idoso, veio até a janela deles, gritando e agitando freneticamente os braços para chamar a atenção. Após tantos anos, ele estava familiarizado com a rotina da limpeza. Os tratadores descobriram então que vários bonobos jovens haviam entrado

no fosso seco, mas não conseguiram sair. Eles providenciaram uma escada. Todos os bonobos saíram do fosso, exceto um menorzinho, que foi resgatado pelo próprio Kakowet.

Essa história é consistente com outra observação de um fato ocorrido no mesmo fosso desse cercado uma década mais tarde. Nessa época, o zoológico havia decidido sabiamente não usar água no fosso, porque os símios não sabem nadar. Penduraram uma corrente que ficava sempre estendida para baixo, até o interior do fosso. Assim, os bonobos visitavam o lugar sempre que desejavam. Mas, se o macho alfa, Vernon, desaparecia no fosso, um macho mais jovem, Kalind, às vezes puxava a corrente para cima bem depressa. Ele, então, olhava para baixo para Vernon, com uma expressão facial de brincadeira com a boca bem aberta, enquanto batia na parede do fosso. Essa expressão equivale ao riso humano: Kalind estava zombando do chefe. Em várias ocasiões Loretta, a única adulta presente além deles, ia correndo ao local a fim de salvar seu companheiro, jogava a corrente para baixo e montava guarda até que ele tivesse saído.

Ambas as observações nos contam alguma coisa sobre considerar a perspectiva do outro. Kakowet parece ter percebido que encher o fosso de água enquanto os jovens ainda estavam lá dentro não seria uma boa ideia, mesmo que isso obviamente não fosse afetá-lo. Tanto Kalind quanto Loretta pareciam saber a finalidade da corrente para alguém que estivesse no interior do fosso e agiram de modo coerente: o primeiro fez troça, enquanto a última auxiliou a parte dependente.

Pessoalmente estou convencido de que os símios consideram a perspectiva do outro e que a origem evolucionária dessa competência deve ser procurada na necessidade de cooperação e não na competição social, embora isso seja usado com facilidade nesse domínio (Hare e Tomasello, 2004). No centro desta perspectiva se encontra o vínculo emocional entre indivíduos – muito comum em mamíferos sociais – sobre o qual a evolução (ou o desenvolvimento) constrói manifestações ainda mais complexas, inclusive a avaliação do conhecimento e das intenções do outro (Frans de Waal, 2003).

Em virtude dessa possível conexão entre empatia e teoria da mente, o bonobo é uma espécie fundamental para pesquisas adicionais porque ele pode ser o símio mais empático de todos (Frans de Waal, 1997a). Comparações recentes de DNA demonstram que os seres humanos e os bonobos partilham um microssatélite relacionado com a socialidade que está ausente no chimpanzé (Hammock e Young, 2005). Essa descoberta pode ser insuficiente para decidir qual dos nossos dois parentes mais próximos – o bonobo ou o chimpanzé – tem maior similitude com nosso ancestral comum, porém definitivamente exige que se dê atenção ao bonobo como modelo do comportamento social humano.

APÊNDICE C
DIREITOS DOS ANIMAIS

Imaginemos que depois de escapar por um triz das garras de um guepardo, uma gazela africana chama seu advogado, queixando-se de que sua liberdade de pastar por onde bem quiser foi violada de novo. Ela deve processar o guepardo, ou o advogado talvez ache que os predadores também têm direitos?

É um absurdo, claro, e com certeza aplaudo os esforços de prevenir o abuso de animais, mas tenho sérias dúvidas sobre a abordagem que tem levado faculdades de direito norte-americanas a oferecer cursos de "direito animal". O que eles querem dizer não é a lei da selva, mas a extensão dos princípios de justiça para os animais. Os animais não são simples propriedade, de acordo com alguns, como Steven M. Wise, advogado que dá o curso em Harvard. Eles merecem direitos tão sólidos e incontestáveis quanto os direitos constitucionais das pessoas. Alguns advogados dos direitos dos animais têm argumentado que os chimpanzés merecem desfrutar de liberdade e de sua integridade corporal.

Essa visão tem conquistado alguma consagração. Por exemplo, a Corte de Apelações do Distrito de Colúmbia concedeu a um homem que visitava o zoológico o direito de abrir um processo para que chimpanzés tivessem companhia. Na última década, de acordo com as legislações estaduais, os crimes de crueldade contra animais deixaram de ser mera contravenção para se tornar delito grave.

A discussão sobre os direitos dos animais não é nova. Lembro-me ainda de alguns debates surrealistas entre cientistas nos anos 1970 em que se rejeitava o sofrimento animal como uma questão de sentimentalismo. Entre advertências austeras contra o antropomorfismo, a visão então dominante era a de que os animais eram simples robôs, desprovidos de sentimentos, pensamentos ou emoções. Os cientistas, mantendo o ar sério, argumentavam que os animais não podem sofrer, pelo menos não do mesmo modo que nós. Um peixe retirado da água com um grande anzol na boca debate-se em terra firme, mas como poderíamos saber o que ele sente? Não estaríamos fazendo uma projeção?

Esse pensamento mudou nos anos 1980 com o advento das abordagens cognitivas do comportamento animal. Hoje usamos termos como "planejamento" e "consciência" em relação aos animais. Acredita-se que eles compreendam os efeitos de suas próprias ações, comuniquem emoções e tomem decisões. Considera-se até que alguns animais, como chimpanzés, tenham uma política e cultura rudimentares.

Na minha própria experiência, os chimpanzés lutam pelo poder de modo tão implacável quanto certas pessoas em Washington, e mantêm-se informados dos serviços prestados e recebidos em um mercado de troca. Seus sentimentos podem variar de gratidão pelo apoio político à indignação se um deles violar uma regra social. Tudo isso vai muito além do simples medo, dor e raiva: a vida emocional desses animais é muito mais próxima da nossa do que outrora se considerava possível.

Esse novo entendimento pode modificar nossa atitude perante os chimpanzés e, por extensão, perante outros animais, mas continua sendo um grande salto dizer que o único modo de assegurar seu tratamento decente é dar a eles direitos e advogados. Fazê-lo é o modo norte-americano, acredito, mas direitos fazem parte de um contrato social que não faz sentido sem deveres. Essa é a razão pela qual o paralelo ultrajante entre o movimento de direitos dos animais e a abolição da escravidão, além de ser insultante, é moralmente imperfeito: os escravos podem e devem tornar-se membros plenos da sociedade; os animais não podem fazê-lo e não o farão.

Na realidade, conceder direitos aos animais depende inteiramente de nossa boa vontade. Por isso os animais desfrutarão apenas os direitos com os quais possamos lidar. Ninguém ouvirá falar dos direitos dos roedores de tomar posse das nossas casas, dos estorninhos de atacar cerejeiras, ou ainda dos cães de decidir o trajeto do passeio com seu dono. Direitos concedidos seletivamente, na minha opinião, não são direitos de modo algum.

E se pararmos com essa conversa de direitos e, em vez disso, preconizarmos um sentimento de obrigação? Do mesmo modo que ensinamos as crianças a respeitar uma árvore, mencionando sua idade, devemos usar os novos conhecimentos sobre a vida mental dos animais para promover nos seres humanos a ética do cuidar, em que nossos interesses não são os únicos a pesar na balança.

Ainda que muitos animais sociais tenham desenvolvido tendências afetuosas e altruístas, eles raramente as dirigem a outras espécies, se é que o fazem. O modo como o guepardo trata a gazela é típico. Somos a primeira espécie a aplicar essas tendências que evoluíram dentro de um grupo para um círculo maior da humanidade e poderíamos fazer o mesmo com outros animais: o tratamento humanitário, e não os direitos, se tornariam, então, a peça central de nossas atitudes para com eles.

APOSENTADORIA DOS SÍMIOS

A discussão acima (modificada de um artigo publicado em *The New York Times* em 20 de agosto de 1999 com o título "We the People [and Other Animals]..." [Nós as pessoas (e outros animais)...]) questiona a abordagem dos "direitos", mas não indica como me sinto a respeito da pesquisa médica invasiva.

A questão é complexa porque acredito que nosso primeiro dever moral é com os membros de nossa própria espécie. Não conheço nenhum defensor dos direitos dos animais que tenha precisado de atenção médica urgente e tenha se recusado a recebê-la. Isso é assim, embora todos os tratamentos médicos modernos derivem de pesquisas em animais: qualquer pessoa que dê entrada no hospital faz uso da pesquisa em animais ali mesmo. Parece, portanto, haver um consenso, mesmo entre os que protestam contra os testes em animais, de que a saúde e o bem-estar humanos têm prioridade sobre quase qualquer outra coisa. A questão passa a ser a seguinte: o que estamos dispostos a sacrificar por eles? Que tipo de animais estamos dispostos a submeter a pesquisas médicas invasivas e quais são os limites nos procedimentos? Para a maioria das pessoas, essa é uma questão de grau e não de absolutos. Usar camundongos com a intenção de desenvolver novas drogas para o tratamento do câncer não se equipara a atirar em porcos com a finalidade de testar o impacto da bala, e atirar em porcos não se equipara a inocular uma doença letal em um chimpanzé. De acordo com um complexo cálculo de ganho versus perda, decidimos sobre a ética da pesquisa em animais baseando-nos em como nos sentimos em relação aos procedimentos, às espécies de animais e aos benefícios para os humanos.

Sem nos aprofundarmos nos motivos e incongruências das razões pelas quais favorecemos alguns animais em detrimento de outros, e certos procedimentos em detrimento de outros, pessoalmente acredito que os símios merecem um status especial. Eles são nossos parentes mais próximos com vida emocional e social muito semelhante à nossa e inteligência similar. Decerto que este é um argumento antropocêntrico mesmo, mas é compartilhado por muitas pessoas familiarizadas com os símios. A proximidade entre nós e eles faz desses animais modelos médicos ideais mas, ao mesmo tempo, eticamente problemáticos.

Ainda que muitas pessoas sustentem uma posição moral lógica, baseada em fatos empíricos claros (como a capacidade de os símios se reconhecerem em um espelho, mencionada com frequência), nenhuma posição moral fundamentada parece perfeita. Acredito na base emocional das decisões morais e, como facilmente sentimos empatia diante de criaturas que se assemelham a nós do ponto de vista físico e psicológico, os símios mobilizam em nós mais sentimentos de culpa por feri-los do que a outros animais. Esses sentimentos desempenham um papel quando decidimos pela ética na pesquisa em animais.

Ao longo dos anos, tenho visto a atitude predominante mudar da ênfase na utilidade clínica dos símios para a ênfase em seu status ético. Atingimos hoje o ponto em que eles são modelos clínicos apenas como último recurso. Não se permite a realização em chimpanzés de nenhum estudo pré-clínico que possa ser realizado em macacos, como babuínos ou animais do gênero *Macaca*. Como o número de questões científicas relativas aos símios está em retrocesso, temos um "excedente" de chimpanzés. A comunidade médica nos informa, assim, que hoje temos mais chimpanzés que os necessários para a pesquisa médica.

Considero esse fato um desenvolvimento positivo e sou inteiramente a favor de que haja progressos adicionais até que o uso dos chimpanzés com essa finalidade seja descontinuado por completo.

Não atingimos esse ponto ainda, mas a relutância crescente em usar chimpanzés levou os institutos nacionais de saúde a dar um passo histórico ao patrocinar a aposentadoria desses animais. A unidade mais importante é o Chimp Haven (www.chimphaven.org), que, em 2005, abriu uma grande unidade ao ar livre para aposentar os chimpanzés retirados de protocolos de investigação médica.

Enquanto isso, os símios permanecem disponíveis para estudos não invasivos, como estudos sobre envelhecimento, genética, obtenção de imagens cerebrais, comportamento social e inteligência. Esses estudos não causam danos aos animais. A definição resumida que faço para pesquisas não invasivas é "o tipo de pesquisa que não nos importaríamos de realizar em voluntários humanos". Isso significa não lhes administrar drogas, não produzir nenhuma doença que eles já não tenham, não realizar cirurgias incapacitantes, e assim por diante.

Essas pesquisas nos auxiliarão a continuar a aprender sobre nossos parentes mais próximos de formas não estressantes e até agradáveis. Acrescento agradável porque os chimpanzés com os quais trabalho gostam de testes computadorizados; o modo mais fácil de fazê-los entrar na unidade de teste é mostrar-lhes o carrinho sobre o qual está o computador. Eles se apressam para desfrutar uma hora do que eles veem como um jogo e nós, como teste cognitivo.

De forma ideal, todas as pesquisas em símios deveriam ser mutuamente benéficas e divertidas.

Foto: Sheila J. McNeill Ingham

PARTE II
COMENTÁRIOS

ROBERT WRIGHT

CHRISTINE M. KORSGAARD

PHILIP KITCHER

PETER SINGER

OS USOS DO ANTROPOMORFISMO

ROBERT WRIGHT

Os ricos relatos descritivos de Frans de Waal, cuidadosamente documentados, sobre o comportamento social de primatas não humanos têm contribuído sobremaneira com nossos conhecimentos acerca dos primatas não humanos e humanos. Um aspecto que torna seus escritos tão estimulantes para o intelecto é sua disposição de usar provocativamente a linguagem antropomórfica na análise do comportamento e mentalidade dos chimpanzés e outros primatas não humanos. Não surpreende que ele tenha atraído algumas críticas por esse antropomorfismo. Quase sempre acho as críticas equivocadas. Mas, embora convencido do valor do seu uso da linguagem antropomórfica, acredito que, algumas vezes, Frans de Waal seja pouco crítico quanto ao *tipo* de linguagem antropomórfica que usa.

Primeiro gostaria de pormenorizar esse ponto e, em seguida, argumentar que um benefício desse detalhamento é expandir nossa perspectiva sobre a moralidade humana. Em particular: esclarecer a questão de que tipo de linguagem antropomórfica é apropriada para os chimpanzés, nossos parentes mais próximos, elucida a distinção que Frans de Waal faz entre uma teoria "naturalista" da moralidade humana e uma teoria do "revestimento" da moralidade humana, ou seja, entre a ideia de que a moralidade tem uma base firme nos genes e a ideia de que o que chamamos "moralidade" é uma mera "camada cultural" e, com frequência, assume a forma de um tipo de impostura moral que mascara uma natureza humana amoral, se não imoral. Acho que Frans de Waal interpreta mal a perspectiva de alguns que ele rotula "defensores da teoria do revestimento" (como eu, por exemplo) e, por isso, deixa passar despercebido um aspecto importante e edificante que a psicologia evolucionista pode trazer às discussões sobre moralidade humana, isto é, a psicologia evolucionista aponta a possibilidade de uma terceira teoria sobre a moralidade humana que – para adaptar a terminologia de Frans de Waal – poderíamos chamar de "teoria naturalista do revestimento". Será mais fácil compreender essa terceira alternativa uma vez que ponderemos a questão do tipo de linguagem antropomórfica que é apropriada aos chimpanzés, questão a qual retomo agora.

DOIS TIPOS DE LINGUAGEM ANTROPOMÓRFICA

É quase impossível ler o grande livro *Chimpanzee Politics* [Política dos Chimpanzés], de Frans de Waal, sem se impressionar com os paralelos comportamentais entre chimpanzés e seres humanos. Por exemplo, em ambas as espécies, o status social traz recompensas tangíveis; em ambas as espécies, os indivíduos procuram-no; em ambas as espécies, os indivíduos formam alianças que os auxiliam a atingi-lo. Considerando a relação evolutiva próxima entre seres humanos e chimpanzés, certamente é plausível que esses paralelos comportamentais externos correspondam a paralelos internos, isto é, que exista algum conjunto de traços comuns entre as duas espécies nos mecanismos bioquímicos que governam o comportamento e na experiência subjetiva correspondente. Expressões faciais, gestos e posturas que acompanham certos comportamentos dos chimpanzés reforçam essa hipótese.

Mas qual é a natureza exata desse conjunto de traços comuns? Que experiências subjetivas particulares, por exemplo, poderíamos compartilhar com os chimpanzés? Este é o ponto em que discordo da tendência interpretativa de Frans de Waal.

Existem duas categorias amplas de linguagem antropomórfica. A primeira é a linguagem *emocional*: podemos dizer que os chimpanzés se sentem compadecidos, ofendidos, injustiçados, inseguros etc. A segunda é a linguagem *cognitiva*, linguagem que atribui conhecimentos conscientes e/ou raciocínio aos animais: podemos dizer que os chimpanzés se lembram, preveem, planejam, formulam estratégias etc.

Nem sempre fica claro, apenas com base nas provas comportamentais, que tipo de linguagem antropomórfica é apropriado. Com frequência, tanto em primatas humanos como não humanos, um comportamento pode, em princípio, ser explicado como produto de reflexão consciente e formulação de estratégia ou como produto de reação essencialmente emocional.

Considere-se o "altruísmo recíproco". No caso dos seres humanos e dos chimpanzés, vemos, no nível comportamental, o que parece ser altruísmo recíproco. Em outras palavras, os indivíduos estabelecem relações com outros indivíduos caracterizadas pelo fato de que uma das partes oferece determinados bens à outra (comida, por exemplo), ou oferece uma série de serviços como forma de apoio social; este ato de dar é, em algum grau, simétrico ao longo do tempo: eu coço suas costas, você coça as minhas.

No caso dos seres humanos, sabemos, por introspecção, que essas relações de apoio mútuo podem ser governadas em qualquer dos dois níveis –cognitivo ou emocional. (Na vida real, existe tipicamente uma mistura de fatores cognitivos e emocionais, mas em geral um deles predomina e, em todo caso, tomarei exemplos "puros" de cada um para explicar com clareza o experimento de pensamento que se segue.)

Consideremos dois acadêmicos que trabalham na mesma área, mas que nunca tenham se encontrado antes. Suponha que você seja um deles. Você está escrevendo um artigo que lhe dá a oportunidade de citar o outro acadêmico. A citação não é essencial; o artigo ficaria bom sem ela. No entanto, você pensa: "Talvez, se eu citar esse especialista, ele me cite no futuro, e isso poderia resultar em um padrão de citação mútua que seria bom para nós dois". Assim, você cita essa pessoa e a relação estável de citação mútua que você havia previsto – um tipo de "altruísmo recíproco" – de fato, termina por se desenvolver.

Agora imaginemos um caminho alternativo para o mesmo resultado. Enquanto está trabalhando em seu artigo, você conhece esse acadêmico em uma conferência. Vocês se dão bem à primeira vista e se entendem quando discutem suas opiniões e interesses intelectuais comuns. Depois, ao concluir seu artigo, você cita o trabalho dele por pura amizade; você nem mesmo decide citá-lo, mas quer fazê-lo. Subsequentemente ele ou ela cita seu trabalho, e cria-se um padrão de citação mútua, de "altruísmo recíproco".

No primeiro caso, a relação de citação mútua parece ser resultado de cálculo estratégico. No segundo, parece ser mais uma questão de simples amizade. Mas, para um observador externo – alguém que esteja apenas observando a tendência desses dois acadêmicos de citar um ao outro –, é difícil distinguir entre os dois tipos de motivação. É difícil dizer se o padrão de citação mútua é movido por cálculo estratégico ou por amizade, porque ambas as dinâmicas podem, em princípio, levar ao resultado observado: uma relação estável de citação recíproca.

Suponhamos agora que o observador externo receba uma nova informação: os dois acadêmicos não apenas tendem a citar um ao outro, mas também a sustentar a mesma opinião em temas mais controversos de sua área. Infelizmente, isso também não ajuda muito porque sabe-se que ambas as dinâmicas em questão – cálculo estratégico e sentimento amistoso – levam a esse resultado específico: não apenas citação mútua, mas citação mútua entre aliados intelectuais. Afinal: (a) se você estiver conscientemente escolhendo um parceiro na citação recíproca, você estará propenso a escolher alguém que partilhe seus interesses estratégicos, isto é, a progressão de sua posição nas questões intelectuais importantes; (b) se, em vez disso, você estiver agindo por sentimentos amistosos, ainda é provável que você termine formando um vínculo com um aliado intelectual, visto que um dos fatores primários que contribuem com sentimentos amistosos é a concordância em questões controvertidas.

Não é coincidência que guiar-se por emoções – "sentimentos amistosos" – possa levar ao mesmo resultado que guiar-se por cálculo estratégico. De acordo com a psicologia evolucionista, a seleção natural "projetou" as emoções humanas para servirem aos interesses estratégicos dos indivíduos da espécie humana (ou, mais precisamente, para promover a proliferação dos genes individuais no meio de nossa evolução; mas, para fins dessa discussão, podemos presumir que os interesses do indivíduo e dos genes individuais coincidem, como frequentemente acontece). No caso dos sentimentos amistosos, somos "projetados" para sentir uma maior proximidade com indivíduos que partilham nossas opiniões sobre questões controversas porque, durante a evolução, essas são as pessoas com as quais foi vantajoso formar alianças.

Essa é a razão genérica pela qual frequentemente é difícil para um observador externo dizer se dado comportamento humano se deu mais por cálculo estratégico ou mais por emoções: *porque muitas emoções são representantes do cálculo estratégico.* (No que se refere ao motivo pelo qual a seleção natural criou esses representantes para o cálculo estratégico, presume-se que essas emoções evoluíram ou antes que nossos ancestrais se tornassem muito bons no cálculo estratégico consciente, ou nos casos em que o discernimento consciente da estratégia adotada a considerava desvantajosa.)

COMO É SER CHIMPANZÉ?

Com esse experimento, podemos retomar agora a questão da linguagem antropomórfica, em particular, de quando é apropriado o antropomorfismo "emocional" e quando o "cognitivo". Na análise da dinâmica dos chimpanzés e na tentativa de decidir se os chimpanzés estão envolvidos no cálculo consciente ou se estão sendo guiados por emoções, enfrentamos a mesma dificuldade que encontramos na análise dos dois acadêmicos: como as emoções em pauta foram "projetadas" pela seleção natural para produzir um comportamento estrategicamente efetivo, comportamentos movidos por emoções e comportamentos conscientemente calculados podem parecer iguais aos olhos do observador externo.

Por exemplo: se dois chimpanzés são excluídos da estrutura de poder – isto é, se eles não fazem parte da coalizão que mantém o macho alfa no poder, e por isso não recebem parte dos recursos que o macho alfa partilha com os membros da coalizão –, então eles podem formar uma aliança que desafie o macho alfa. Contudo, é difícil dizer se a formação inicial da aliança é um produto do cálculo estratégico consciente ou dos "sentimentos amistosos" que foram "projetados" pela seleção natural como representantes do cálculo estratégico consciente. Assim, é difícil escolher entre a linguagem antropomórfica "cognitiva" ("os chimpanzés perceberam que partilhavam um interesse estratégico e decidiram fazer uma aliança") e a linguagem antropomórfica "emocional" ("os chimpanzés, ao perceberem vagamente que sua difícil situação era compartilhada, desenvolveram sentimentos amistosos e de obrigação mútua que os atraíram para a aliança").

Nesses casos ambíguos, Frans de Waal parece ter a tendência de preferir a linguagem antropomórfica cognitiva à emocional. Um exemplo de *Chimpanzee Politics* envolve o macho alfa Yeroen e um chimpanzé de status inferior, Luit, que no passado aceitava sua condição subordinada, mas depois acabou por desafiar a posição do macho alfa Yeroen, dando início a uma luta. Frans de Waal observa que, durante o período que precedeu o desafio, Yeroen começou a consolidar vínculos sociais, aumentando de forma notável o tempo dedicado à catação em fêmeas e outros tipos de interação com elas. Com base nisso, ele infere que Yeroen "já percebera que a atitude de Luit estava mudando e sabia que sua posição estava ameaçada".[1]

Ao que tudo indica, Yeroen, de um modo ou de outro, mudou sua atitude, e esta mudança pode explicar seu súbito interesse pelas fêmeas politicamente importantes. Entretanto, devemos supor, como Frans de Waal, que Yeroen "sabia" – previu conscientemente – que o desafio se aproximava e tomou medidas para evitá-lo? Ou a assertividade crescente de Luit não poderia ter inspirado apenas momentos de insegurança que levaram Yeroen a estreitar o contato com seus amigos?

Sem dúvida os genes que tendem a dar respostas inconscientemente racionais diante de ameaças florescem mediante a seleção natural. Quando um bebê chimpanzé ou um bebê humano foge em direção à mãe ao ver um animal assustador, a resposta é

---

[1] Frans de Waal (1982), *Chimpanzee Politics*, Baltimore, MD: John Hopkins University Press, p. 98.

lógica, mas a cria, ao que parece, não tem consciência da lógica. Ou, para citar um exemplo mais análogo ao de Yeroen-Luit: se um ser humano for de súbito tratado com desrespeito por alguém, ele ou ela pode ser tomado por um sentimento de insegurança e, por isso, ao encontrar em seguida um amigo ou parente, pode pedir--lhe apoio mais do que o normal e, ao obter uma resposta positiva, pode sentir-se mais afetuoso que o usual em relação a esse amigo ou parente. Aqui a "insegurança" é a emoção que representa o cálculo estratégico; ela nos estimula a fortalecer nossos vínculos com aliados após enfrentar um antagonismo social.

Um exemplo mais abrangente da preferência aparente de Frans de Waal pelo antropomorfismo cognitivo, em detrimento do antropomorfismo emocional, surge quando ele se refere aos "reveses políticos, decisões racionais e oportunismo" de Luit. Em seguida, afirma que "não há espaço nessa política para simpatia e antipatia".[2] Na realidade, muitos dos reveses políticos de Luit e grande parte de seu oportunismo podem ser explicados, em princípio, em termos de simpatia e antipatia; ele sente simpatia por chimpanzés quando interesses estratégicos ditam a aliança com eles, e antipatia por chimpanzés quando os interesses estratégicos ditam um conflito com eles ou indiferença. Todo ser humano sabe com que rapidez os sentimentos por outro ser humano podem oscilar entre simpatia e antipatia; e todo ser humano profundamente introspectivo teria de admitir que, algumas vezes, essas oscilações têm certa conveniência estratégica.

Como a experiência subjetiva é intrinsecamente pessoal, é difícil dizer com segurança se Frans de Waal está errado, isto é, se os comportamentos estratégicos em questão são guiados mais por um fator emocional do que por um fator cognitivo. Mas seguem-se

---

[2] Frans de Waal (1982), op. cit., p. 196.

algumas considerações inter-relacionadas que sugerem que este seja o caso:

1. É uma suposição convincente, por várias razões, que na linhagem dos primatas o governo emocional do comportamento tenha precedido, no tempo evolutivo, a condução conscientemente estratégica do comportamento. (Uma razão dessa conjectura é a idade evolutiva relativa de partes do cérebro humano associadas com as emoções por um lado, e com o planejamento e raciocínio por outro. Resulta também notável a posição de proeminência que estas partes do cérebro ocupam com respeito à sua importância nos primatas não humanos: por exemplo, o papel relevante dos lobos frontais nos humanos, que estão associados com o planejamento e raciocínio.)

2. Considerando que os seres humanos, embora capazes de formulação de estratégia consciente, apresentam emoções que estimulam comportamentos estrategicamente corretos, parece provável que nossos parentes próximos, os chimpanzés, que apresentam comportamentos análogos estrategicamente corretos, também tenham essas emoções.

3. Se, de fato, os chimpanzés têm emoções que podem gerar comportamentos estrategicamente corretos, é preciso perguntar-se por que a seleção natural acrescentaria como orientação uma segunda camada funcionalmente redundante (estratégia consciente). No final das contas, no caso dos seres humanos, a evolução suplementou a condução emocional com a condução cognitiva. Porém, quando especulamos sobre as razões disso, tendemos a citar fatores que não parecem se aplicar a chimpanzés (por exemplo, os seres humanos têm uma linguagem complexa e usam-na para discutir planos estratégicos com aliados ou para explicar por que fizeram as coisas, etc.).

Por essas razões, quando se tratar de primatas não humanos, eu proporia um viés que é oposto ao que Frans de Waal parece empregar. Nos casos em que a condução emocional ou a condução estratégica consciente possa, em princípio, explicar o comportamento, eu escolheria a condução emocional como a hipótese preferida, mas com a necessidade de dados adicionais. Em outras palavras, se todas as outras coisas fossem iguais, eu daria preferência à linguagem emocionalmente antropomórfica e não à linguagem cognitivamente antropomórfica quando se tratar de primatas não humanos.

Você pode chamar a isso de *princípio da parcimônia antropomórfica*. Uma razão pela qual o considero parcimonioso é que ele envolve o uso de apenas um tipo de linguagem (emocional), ao passo que a alternativa preferida por Frans de Waal, embora envolva de forma ostensiva apenas um tipo de linguagem (cognitiva), utiliza implicitamente ambos os tipos. Afinal parece muito provável que, se os chimpanzés de fato têm a capacidade de formular estratégias conscientes amplas como acredita Frans de Waal, eles também tenham um sistema paralelo e entrelaçado de representantes emocionais para o cálculo estratégico – visto que, no fim das contas, este é o caso de uma espécie de primatas que *sabidamente* tem a capacidade de formular estratégias conscientes amplas (nós), espécie que, além de tudo, está relacionada muito de perto com os chimpanzés. Supondo que seja este o caso – que um parente próximo dos humanos que tenha capacidades de formulação de estratégias conscientes amplas também tenha representantes emocionais entrelaçados para a formulação dessas estratégias –, então, atribuir a formulação de estratégias conscientes aos chimpanzés é atribuir-lhes implicitamente tanto a formulação de estratégias conscientes quanto algum grau de governo emocional. E nos casos em que o governo emocional isolado, em tese, bastasse para fins explicativos, isso implica que a atribuição do governo tanto cognitivo quanto emocional é a alternativa menos parcimoniosa.

UMA PONDERAÇÃO ALÉM DO ÂMBITO CIENTÍFICO

Embora eu considere que a regra proposta para o uso da linguagem antropomórfica seja desejável por razões científicas – por razões de parcimônia –, devo reconhecer que existe uma segunda razão pela qual ela me atrai: ela estimula uma perspectiva sobre o comportamento humano que pode ser moralmente enriquecedora. Compreender como as emoções podem levar a um comportamento estrategicamente sofisticado em chimpanzés nos auxilia a compreender que nós, seres humanos, podemos estar mais sob o domínio das emoções do que percebemos. Em particular, nossos julgamentos morais são influenciados de modo sutil e generalizado pelo autointeresse mediado emocionalmente.

Para esclarecer esse ponto, deixem-me voltar ao tema da moralidade humana e abordá-lo de outro ângulo: em termos da distinção que Frans de Waal fez em sua primeira apresentação nesta série de Conferências Tanner, entre uma teoria do "revestimento" da moralidade e uma teoria "naturalista". A teoria do revestimento sustenta que a moralidade humana é uma "camada cultural" delgada que esconde a natureza humana amoral, se não imoral. A alternativa – a teoria "naturalista" –, como eu a compreendo, sustenta que nossos impulsos morais estão enraizados nos nossos genes e que nós, por essa razão, somos em grande parte "bons por natureza", como sinaliza o título de um dos livros de Frans de Waal.

Ele me considera "um defensor da teoria do revestimento" com base no meu livro *The Moral Animal* [*O animal moral*]. Deixem-me dizer resumidamente que não pertenço a essa categoria e argumentar que a dicotomia entre a teoria do "revestimento" e uma teoria "naturalista" talvez seja demasiadamente simples, pois omite uma terceira categoria teórica à qual pertenço. Posso, então, argumentar que o uso da linguagem antropomórfica emocional na descrição do comportamento dos chimpanzés auxilia a esclarecer essa terceira perspectiva teórica, e que avaliar o comportamento humano conforme essa terceira posição tem efeitos edificantes.

No livro *O animal moral*, longe de descrever a moralidade como uma "camada cultural", na realidade eu argumento que vários impulsos e comportamentos descritos comumente como morais têm fundamentos nos nossos genes. O altruísmo seletivo dirigido a nossos parentes é um exemplo. Outro exemplo é o sentido de justiça –a intuição de que as boas ações devem ser recompensadas e as más, punidas. Na realidade, o trabalho de Frans de Waal contribuiu para meu convencimento de que uma versão rudimentar (e eu diria, profundamente emocional) dessa intuição provavelmente existe em chimpanzés e que, tanto em humanos como em chimpanzés, a intuição é um produto da dinâmica evolutiva do altruísmo recíproco.

Esses traços da natureza humana, ligados aos genes, com frequência são usados no que eu chamaria de uma forma verdadeiramente moral. (Isto é – para adotar uma versão crua e um pouco utilitária do teste de papel tornassol kantiano que Christine Korsgaard explica em seu ensaio –, o mundo é um lugar melhor à medida que os comportamentos concebidos por esses traços são gerados em circunstâncias comparáveis por seres humanos em geral.) Assim, não acho que mereço o rótulo que Frans de Waal me confere de "defensor da teoria do revestimento", que considera a moralidade uma "camada cultural".

Com certeza acredito que algumas de nossas intuições morais baseadas na genética estejam, *ocasionalmente*, sujeitas a vieses sutis que as afastam do que é verdadeiramente moral. Porém, ainda nesse caso, não me enquadro no arquétipo de "defensor da teoria do revestimento" porque acredito que esses vieses estejam, eles próprios, ligados aos genes e não constituem uma simples "camada cultural". Por exemplo, ao decidir como exercer o senso de justiça – quem agiu bem e quem agiu mal, quais motivos de queixas são válidos e quais não são –, os seres humanos parecem naturalmente julgar a favor da família e dos amigos e contra os inimigos e rivais. Essa é uma das razões pelas quais não concordo com a posição aparente de Frans de Waal, de que nós somos, em um sentido bastante geral, "bons por natureza", visão que ele parece associar a uma "teoria naturalista".

Pelo contrário, pertenço a uma terceira categoria. Acredito que: (a) a "infraestrutura" moral humana – parte da natureza humana a que recorremos para a condução moral e que inclui algumas intuições morais específicas – tenha raízes genéticas e não seja uma "camada cultural"; (b) essa infraestrutura, não com frequência, se veja submetida a uma "corrupção" sistemática (isto é, afasta-se do que eu chamaria de moralidade verdadeira), que também tem raízes nos genes (e é assim fundamentada porque serviu aos interesses darwinianos de nossos ancestrais durante a evolução).

Nessa visão, nossos juízos morais, embora formados por meio de um processo racional e aparentemente consciente de deliberação – processo cognitivo –, podem ser influenciados de maneira sutil por fatores emocionais. Por exemplo, uma única tendência semiconsciente de hostilidade contra um rival pode influenciar negativamente nosso juízo sobre ele ser culpado de algum crime, ainda que estejamos convencidos de que avaliamos as provas com objetividade. Podemos acreditar honestamente que nossa opinião de que ele merece a pena capital, por exemplo, é um produto de cognição pura, sem nenhuma influência emocional; porém, a influência emocional pode de fato ser decisiva e foi "projetada" pela seleção natural para ser dessa forma.

Minha opinião é que, se todos tivéssemos mais consciência

sobre como a emoção deforma sutilmente nossos julgamentos morais, o mundo seria um lugar melhor, porque seria menos provável que nos rendêssemos a esses vieses moralmente corruptores. Vejo assim alguma virtude em qualquer coisa que torne as pessoas mais conscientes no que se refere a isso. E acho que o uso da linguagem antropomórfica emocional para descrever certos aspectos da vida social dos chimpanzés, além de ser defensável por razões puramente científicas, pode ter esse efeito. Ver com que sutileza (mas com que poder) as emoções podem guiar o comportamento dos chimpanzés pode nos auxiliar a enxergar o papel que as emoções têm em nosso próprio comportamento, incluindo comportamentos que acreditamos serem produtos da razão pura.

Em outras palavras, quando vemos chimpanzés que se comportam de forma quase humana, podemos descrever o paralelismo de pelo menos dois modos. Podemos dizer: "Puxa! Os chimpanzés são mais impressionantes do que eu havia pensado" – conclusão a que provavelmente chegaríamos se víssemos seu comportamento como movido cognitivamente. Ou, então, podemos dizer: "Puxa! Os seres humanos são menos extraordinários do que eu havia pensado" – conclusão a que provavelmente chegaríamos se víssemos que as emoções antigas e um tanto simples podem produzir comportamentos sofisticados em chimpanzés e, por essa razão, supõe-se, em humanos. Além de válida, a última conclusão é edificante.

Para concluir, quero ressaltar que não tenho nada contra a maior parte da linguagem antropomórfica que Frans de Waal usa em *Chimpanzee Politics* e em outros escritos (como, por exemplo, quando especula atribuindo um sentido de "honra" – alguma coisa como orgulho – aos chimpanzés). Apesar disso, acho que os dois exemplos que citei são eloquentes e que não são completamente sem relação com sua dicotomia (muito simplificada, em minha opinião) entre uma teoria do "revestimento" e uma teoria "naturalista" da moralidade. Acho que compreender com que sutileza e com que poder as emoções podem influenciar o comportamento é o primeiro passo para perceber a existência e a importância da terceira categoria teórica que descrevi.

Sinto-me tentado a chamar essa terceira orientação teórica de "teoria naturalista do revestimento" porque ela considera que os seres humanos com frequência atendem motivos egocêntricos com um revestimento moralista, mas ao mesmo tempo vê o próprio processo de construção do revestimento com raízes genéticas e não apenas culturais. Esse rótulo tem o defeito de não informar que um grande número de nossos impulsos morais naturais tem consequências verdadeiramente morais (ao menos segundo minha visão). Além disso, combinar a visão "naturalista" com a do "revestimento" nos aproxima mais à verdade, nesse contexto, do que se deixássemos esses termos distanciados.

MORALIDADE E SINGULARIDADE DA AÇÃO HUMANA

CHRISTINE M. KORSGAARD

"O que há de diferente em nossa forma de agir que torna a nós, e a nenhuma outra espécie, seres morais?"

FRANS DE WAAL[1]

"Um ser moral é aquele que é capaz de comparar suas ações ou motivações passadas e futuras e aprová-las ou desaprová-las. Não temos razão alguma para supor que qualquer um dos animais inferiores possua essa capacidade."

CHARLES DARWIN[2]

Duas questões se impõem a nós. Uma refere-se à verdade ou à falsidade do que Frans de Waal chama "teoria do revestimento". Trata-se da teoria de que a moralidade é uma delgada camada de revestimento sobreposta à natureza humana amoral em essência.

---

[1] Em *Good Natured: The Origins of Right and Wrong in Humans and Other Animals*, Cambridge, MA: Harvard University Press, 1996, p. 111.

[2] Em *The Descent of Man, and Selection in Relation to Sex* (1871), Princeton: Princeton University Press, 1981, p. 88-89. [*A origem do homem e a seleção sexual*]

Conforme esta teoria, somos criaturas impiedosamente egoístas, que se adequam com as normas morais somente para evitar punição ou desaprovação, apenas quando os outros estão nos observando ou nosso compromisso com essas normas não se vê desafiado por alguma forte tentação. A segunda questão é se a moralidade tem suas raízes em nosso passado evolutivo ou se representa algum tipo de ruptura radical com esse passado. Frans de Waal propõe abordar essas duas questões em conjunto, apresentando provas de que nossos parentes mais próximos no mundo natural manifestam tendências que parecem intimamente relacionadas com a moralidade: compaixão, empatia, partilha, resolução de conflitos e assim por diante. Ele conclui que as raízes da moralidade podem ser encontradas na natureza essencialmente social que compartilhamos com outros primatas inteligentes e que, por essa razão, a própria moralidade está enraizada de maneira profunda em nossa natureza.

Começo com a primeira questão. A teoria do revestimento não é muito atrativa na minha opinião. Em filosofia, ela está mais associada a certa visão da racionalidade prática, e de como esta se vincula com a moralidade. De acordo com essa visão, o racional a fazer, assim como o que fazemos naturalmente, é maximizar a satisfação de nossos próprios interesses pessoais. A moralidade entra em cena então como um conjunto de regras que limitam essa atividade maximizante. Essas regras podem se basear naquilo que promove o bem comum em vez do interesse individual. Ou elas podem se fundar, como nas teorias deontológicas, em outras considerações, como justiça, equidade, direitos ou similares. Em ambos os casos, a teoria do revestimento sustenta que essas limitações – que se contrapõem à nossa tendência natural e racional de lutar pelo que é melhor para nós mesmos e que, por isso, são antinaturais – são todas rompidas muito facilmente. Frans de Waal parece aceitar a ideia de que é racional lutar por seus próprios interesses, mas rejeita a visão associada de que a moralidade é antinatural e, assim, ele tende a preferir uma teoria da moralidade baseada na emoção ou no sentimento.

Existem vários problemas na teoria do revestimento. Em primeiro lugar, a despeito de sua popularidade nas ciências sociais, os méritos do princípio de lutar por seus próprios interesses como um princípio da razão prática nunca foram estabelecidos. Para demonstrar que esse é um princípio da razão prática, seria necessário demonstrar seu fundamento normativo. Posso lembrar-me apenas de uns poucos filósofos – como Joseph Butler, Henry Sidgwick, Thomas Nagel e Derek Parfit – que até tentaram algo nesse sentido.[3] E a ideia de que o que as pessoas realmente fazem é lutar por seus próprios interesses, como salientou Butler há muito tempo, é pouco plausível.[4]

Em segundo lugar, não está nem mesmo claro se a ideia de autointeresse é um conceito bem desenvolvido quando aplicado a um animal tão ricamente social quanto o ser humano. Sem dúvida, temos alguns interesses irredutivelmente privados, como satisfação de nossos apetites, sejam os relativos a alimentos ou a certo tipo de sexo. Mas nossos interesses pessoais não se limitam a *ter* coisas. Também temos interesses em *fazer* e em *ser*. Muitos

---

[3] Butler em *Fifteen Sermons Preached at the Rolls Chapel* (1726), reproduzido parcialmente em *Five Sermons Preached at the Rolls Chapel and A Dissertation Upon the Nature of Virtue*, editado por Stephen Darwall, Indianapolis: Hackett Publishing Company, 1983; Sidgwick em *The Methods of Ethics* (1ª ed., 1874, 7ª ed. 1907), Indianapolis: Hackett Publishing Company, 1981; Nagel, em *The Possibility of Altruism*, Princeton: Princeton University Press, 1970; e Parfit, em *Reasons and Persons*, Oxford: Clarendon Press, 1984. Para um debate sobre os problemas de estabelecer uma base normativa para esse suposto princípio racional, ver meu ensaio "The Myth of Egoism", publicado pela Universidade de Kansas como a Conferência Lindley de 1999.

[4] "Dia após dia, hora após hora, os homens sacrificam seus interesses mais elevados ao capricho, curiosidade, amor ou ódio, qualquer inclinação efêmera. O lamentável não é que os homens tenham tão grande consideração pelo seu próprio bem ou interesse no mundo, porque não é muito o que de fato eles têm, mas que tenham tão pouca consideração pelo bem dos outros." Butler, *Five Sermons Preached at the Rolls Chapel and A Dissertation Upon the Nature of Virtue*, p. 21.

desses interesses não podem nos colocar inteiramente contra os interesses da sociedade só porque eles são ininteligíveis fora dela e das tradições culturais que essa sociedade apoia. Você pode querer ser a maior bailarina do mundo, mas não pode querer ser a única bailarina do mundo porque, pelo menos de maneira plausível, se houvesse apenas uma bailarina, não haveria nenhuma. Mesmo para ter coisas, existe um limite à persecução coerente do autointeresse. Se você tivesse todo o dinheiro do mundo, você não seria rico. E, naturalmente, também temos interesses genuínos em algumas outras pessoas das quais nossos próprios interesses não podem ser separados. Assim, a ideia de que podemos identificar de modo claro nossos próprios interesses como alguma coisa distinta dos interesses de terceiros ou contrária a eles é forçada, para dizer o mínimo.

Ainda assim esta não é a falha mais grave na teoria do revestimento. A moralidade não é apenas um conjunto de restrições à persecução de nossos interesses. Os padrões morais definem os padrões de relacionar-se com as pessoas que a maioria de nós, na maior parte do tempo, considera naturais e bem-vindos. De acordo com Kant, a moralidade requer que tratemos os outros como um fim neles próprios, nunca apenas como um meio para nossos próprios fins. Certamente, não conseguimos tratar todas as outras pessoas em todos os momentos de acordo com esse critério. Todavia, a imagem de alguém que nunca tratou *outra pessoa* como um fim em si mesma e nunca esperou ser tratado desse modo em retribuição é ainda mais irreconhecível do que a de alguém que sempre o faz. Por certo o que estamos imaginando então é alguém que sempre trata *qualquer pessoa* como um instrumento ou um obstáculo e sempre espera ser tratado desse modo em retribuição. O que estamos imaginando é uma pessoa que nunca diz a verdade de modo espontâneo e impensado em uma conversação comum, mas que calcula constantemente os efeitos de suas palavras para a promoção de seus projetos. O que estamos imaginando é alguém que não sente ressentimento (embora não goste) quando mentem para ele, quando é tratado de modo desumano, quando é tratado com desprezo, porque, bem no fundo, pensa que isso é tudo o que um ser humano tem a esperar de um outro. O que estamos imaginando então é uma criatura que vive em um estado de profunda solidão interior e essencialmente considera-se como a única pessoa em um mundo de coisas úteis em potencial, embora algumas dessas coisas tenham vida mental e emocional e possam falar ou revidar.[5] É absurdo sugerir que seja isso o que a maioria das pessoas é, ou anseia ser, sob uma fina camada de restrição.

Mas também resulta absurdo pensar que os animais não humanos sejam motivados pelo interesse próprio. Se isso faz algum sentido, a ideia de atuar segundo os próprios interesses requer um tipo de entendimento do futuro e a capacidade de calcular que não parecem estar presentes em um animal não humano. Mais ainda, *agir* em benefício próprio requer a capacidade de estar *motivado* pelo conceito abstrato de bem-estar próprio a longo prazo. A ideia do autointeresse parece simplesmente fora de lugar quando se pensa em ações não humanas. Não estou inclinada de maneira alguma a negar que outros animais inteligentes façam coisas com um propósito, mas penso que essas intenções são locais e concretas sem a pretensão de fazer o que seja melhor para si próprios: como comer algo, cruzar com outro animal, evitar punição, ter alguma diversão, parar de brigar. Os animais não humanos não são autointeressados. Parece mais provável que sejam, nas palavras de Harry Frankfurt, "caprichosos": agem por instinto, desejo ou emoção do momento. O aprendizado ou a experiência podem alterar a ordem

---

[5] Devo algumas dessas questões a Thomas Nagel, *The Possibility of Altruism*, p. 82 e ss. Nagel caracteriza esse estado como "solipsismo prático".

de seus desejos, de modo que alguns se convertam em prioritários: a perspectiva de uma punição pode diminuir a vontade do animal a ponto de ele se abster de satisfazer seu apetite, mas isso é diferente de calcular o que é de seu interesse e de ser motivado por um conceito de bem-estar a longo prazo. Por todas essas razões, a teoria do revestimento parece, na minha opinião, ser bastante inconsistente. Por isso, quero deixá-la de lado e refletir sobre as questões que levanta Frans de Waal: as raízes da moralidade em nossa natureza evoluída, onde se localizam e quão profundamente se estendem.

Se alguém me perguntasse se eu pessoalmente acredito que os outros animais são mais semelhantes aos seres humanos do que a maioria das pessoas supõe, ou se acredito que haja algum tipo de descontinuidade profunda entre os seres humanos e o restante dos animais, eu teria de responder sim a ambas as perguntas. Ao pensar nessa questão, é importante lembrar-se de que os seres humanos têm um interesse pessoal no que Frans de Waal chama de "antroponegação". Comemos animais não humanos, usamos roupas e sapatos feitos deles, realizamos experimentos dolorosos neles, mantemos animais presos para satisfazer nossos propósitos – algumas vezes, em condições insalubres –, fazemos esses animais trabalhar e os matamos quando queremos. Sem abordar as questões urgentes de natureza moral a que essas práticas dão origem, acredito ser razoável afirmar que muito possivelmente nos sintamos à vontade no que se refere a aceitar o tratamento que damos ao restante das criaturas se pensarmos que ser comido, usado como vestimenta, submetido a experimento, mantido em cativeiro, obrigado a trabalhar e acabar assassinado morto não significa para eles nada parecido com o que seria para nós. E isso, por sua vez, parece mais provável à medida que eles são diferentes de nós em sua vida emocional e cognitiva. De fato, nosso interesse pessoal na negação das semelhanças entre nós e os outros animais em nada contribui para demonstrar que essas semelhanças existam. Mas, uma vez que retifiquemos esse viés (interesse pessoal), parece haver poucas razões para duvidar de que as observações e os experimentos que Frans de Waal realiza e descreve, assim como nossas próprias interações cotidianas com os animais de estimação, manifestem exatamente o que parecem demonstrar: que muitos animais são criaturas inteligentes, curiosas, afetuosas, brincalhonas, mandonas, beligerantes, em vários aspectos muito semelhantes a nós.

Entretanto, também não acho a concepção do gradualismo total muito tentadora. Para mim, os seres humanos parecem distinguir-se claramente por culturas elaboradas, memória histórica, linguagens com gramáticas muitíssimo complexas e poder expressivo refinado, práticas de arte, literatura, ciência, filosofia e naturalmente por contar piadas. Acrescentaria a essa lista uma coisa que não costuma aparecer, mas que deveria estar presente – nossa surpreendente capacidade de fazer amigos, ultrapassando os limites entre as espécies, e induzir outros animais que convivem conosco a fazer o mesmo. Também me sinto inclinada a concordar com Freud e Nietzsche – cujas explicações bastante mais chamativas da evolução da moralidade não são muito atrativas a Frans de Waal – que os seres humanos parecem psicologicamente danificados de forma tal que sugere uma profunda ruptura com a natureza. Um projeto filosófico antigo que remonta a Aristóteles tenta localizar a diferença central que explica todas essas outras diferenças entre os seres humanos e os outros animais. Como uma filósofa à moda muito antiga, sinto-me instigada por esse projeto. O que gostaria de fazer agora é abordar um aspecto desse projeto relacionado à questão de até que ponto a moralidade representa uma ruptura com o nosso passado animal.

Os padrões morais são os padrões que governam o modo como agimos, e a questão de quanto os animais são seres morais ou protomorais surge porque eles indubitavelmente agem. As conclusões de Frans de Waal derivam, em grande parte, da análise do que os animais *fazem*. Em seus livros, com frequência apresenta diferentes interpretações intencionais possíveis das ações e comportamentos dos animais e descreve experimentos projetados para descobrir qual é a interpretação correta. Uma fêmea de macaco-prego rejeita uma fatia de pepino quando se oferece uma uva à sua companheira – ela estaria protestando contra a injustiça ou apenas brigando pela uva? Os chimpanzés partilham os alimentos em sinal de gratidão aos que procederam à catação neles ou simplesmente a catação os deixou em um estado de humor relaxado e generoso? Algumas vezes as situações aparentam ser explicações evolutivas do comportamento animal, mas terminam por se revelar interpretações intencionais de suas ações, como ocorre quando Frans de Waal sugere, em *Good Natured* [Bons por natureza], que os chimpanzés "se esforçam por criar um tipo de comunidade que satisfaça seus próprios interesses".[6] Por razões que já mencionei, para mim parece difícil acreditar que um chimpanzé tenha em mente algo semelhante. Contudo, em outros locais, Frans de Waal distingue com cuidado a pergunta de quão intencional ou deliberadamente os macacos e os símios fazem o que fazem, daquilo que explicaria suas tendências a realizar esses atos. Ele próprio critica os defensores da teoria do revestimento por inferir o egoísmo de nossas intenções baseado no "egoísmo" dos nossos genes.

A questão da intencionalidade é a seguinte: como um episódio no qual um animal realiza algo é visto por ele próprio, se

---

[6] *Good Natured*, op.cit., p. 205.

for plausível pensar que o animal age com certo tipo de propósito em mente. Acho que existe a tentação de pensar que a questão de podermos ver as origens da moralidade no comportamento animal depende da precisão com que interpretemos suas intenções, se suas intenções são "boas" ou não. Penso que, pelo menos considerando do modo mais óbvio, isso é um erro. Parece fazer algum sentido sustentar o tipo de teoria moral sentimentalista, defendida por Hutcheson e Hume, visto que, de acordo com esses pensadores, uma ação reveste-se de caráter moral conforme a aprovação ou a desaprovação dos espectadores. Pelo menos no caso que Hume chamou de "virtudes naturais", esses pensadores acreditavam que o agente que faz uma coisa moralmente boa não precisa agir motivado por considerações expressamente morais. Na realidade, por essa razão, alguns dos sentimentalistas do século XVIII e seus críticos discutiram de modo explícito, segundo suas teorias, se os animais poderiam ser considerados virtuosos. Shaftesbury, antecessor imediato de Hutcheson, havia afirmado que uma pessoa não poderia ser considerada virtuosa a menos que fosse capaz de exercer um juízo moral e que, por essa razão, não poderíamos dizer que um cavalo é virtuoso.[7] Porém, visto que nesta teoria o juízo moral não precisa desempenhar um papel na motivação moral, não está claro por que não poderíamos dizer que um cavalo é virtuoso. Por essa razão, Hutcheson afirmou audaciosamente que não é absurdo presumir que "criaturas desprovidas de reflexão" tenham algumas "virtudes menores".[8] Embora Frans de Waal elogie

---

[7] Em *An Inquiry Concerning Virtue or Merit* (1699). Estou citando com base em D. D. Raphael. British Moralists, vol I, Indianapolis: Hackett Publishing Company, 1991, p. 173-174.

[8] Em *An Inquiry Concerning the Original of our Ideas of Virtue or Moral Good* (1726), *Moralists*, em ibid., vol I, p. 295. Em um trabalho posterior, Hutcheson argumentou que era um erro pensar que podemos ser motivados por considerações morais (*Illustrations on The Moral Sense*, 1728, ed. Bernard Peach, Cambridge, MA: Harvard University Press, 1971, p. 139-140). A fonte primária da visão de Hume é o Livro III do *Treatise of Human Nature* (1739-1740, 2nd edition, ed. L. A. Selby-Bigge and P. H. Nidditch, Oxford: Oxford University Press, 1978). A discussão primária do papel da

as teorias sentimentalistas, ele nega que seu caso se apoie apenas na existência de animais com as intenções que aprovamos: "Se os animais são amáveis uns com os outros, essa não é a questão, nem importa muito se seu comportamento condiz com nossas preferências morais, ou não. Precisamente, a questão relevante é se eles possuem capacidades de reciprocidade e vingança, de cumprir regras sociais, de apaziguamento de brigas e de compaixão e empatia" (p. 42). Entretanto, ele parece partilhar um pressuposto com esses primeiros sentimentalistas: que a moralidade de uma ação é uma questão de conteúdo da intenção com a qual ela é realizada.

Considero que isso está errado e, para explicar por que, quero examinar mais de perto o conceito de agir com uma intenção. Esse conceito, acredito, não designa um fenômeno único, mas um conjunto que pode ser representado em uma escala. É apenas em um ponto determinado da escala que pode surgir a pergunta de se uma ação tem caráter moral ou não.

Na extremidade inferior da escala, encontra-se a ideia de movimento descrito intencional ou funcionalmente. O conceito de intenção nessa forma aplica-se a qualquer objeto que tenha algum tipo de organização funcional, incluindo não apenas seres humanos e animais, mas também plantas e máquinas. Dentro da economia de um objeto organizado funcionalmente, certos movimentos podem ser descritos como detentores de intenção. O coração bate para bombear sangue, o despertador toca para acordá-lo, seu computador o adverte de um erro ortográfico, as folhas de uma planta estendem-se em direção ao Sol para absorver luz. Não há nenhuma indicação de que os propósitos atendidos por esses movimentos estejam presentes na mente dos objetos que se movimentam ou mesmo na mente de quem criou esses objetos.

---

motivação moral no pensamento moral se encontra no Livro III, Parte II, Seção Um, p. 477-484.

Atribuir propósitos a esses movimentos reflete apenas que o objeto em questão está organizado de forma funcional.

No caso de seres vivos, especialmente animais, incluindo os chamados animais "inferiores", alguns desses movimentos intencionais são guiados pela percepção do animal. Um peixe nada em direção às turbulências da superfície porque isso pode significar um alimento; uma barata corre para esconder-se quando você tenta esmagá-la com um jornal; uma aranha arrasta-se em direção a um inseto preso em sua teia. Aqui, podemos começar a nos sentir inclinados a usar a linguagem de ação e o porquê disso é bastante claro: quando os movimentos de um animal são guiados por suas percepções, eles estão sob o controle da mente e, quando eles estão sob o controle da mente, somos tentados a dizer que eles estão sob o controle do próprio animal. É isto, no final das contas, que diferencia uma ação de um simples movimento: o fato de uma ação poder ser atribuída ao agente, isto é, uma ação ser realizada sob o controle do próprio agente. Neste nível, deveríamos dizer que o animal age intencionalmente ou com um propósito concreto? Isso depende de como você compreende a pergunta. O animal está direcionando seus movimentos e seus movimentos são intencionais – *os movimentos* têm um propósito. Nesse sentido, o animal age com um propósito, mas nesse estágio não há necessidade de dizer que tal propósito está de algum modo presente na mente do animal. É evidente que, quando tentamos considerar a situação do ponto de vista do animal, quando nos perguntamos o que exatamente o animal percebe que determina seus movimentos, é quase irresistível fazer uma descrição que inclua o propósito. Qual é o propósito da aranha ao se dirigir ao inseto aprisionado em sua teia a menos que haja algum sentido em que a aranha veja o inseto como alimento e, por essa razão, queira pegá-lo? Entretanto, por melhor que procuremos compreender a intenção da aranha, não precisamos assumir que ela esteja pensando sobre aquilo que deseja conseguir.

Por outro lado, ao lidar com um animal inteligente, não há razão para *não* supor que tenha um propósito concreto na sua mente. Não vejo por que não se deva supor que exista um *continuum* gradual entre o que está em curso, quando as percepções de uma aranha a dirigem ao inseto, e uma consciência cognitiva que faz que perceba algo como *algo que quer*. Com essa consciência cognitiva presente, presumivelmente aumenta muitíssimo a possibilidade de aprender, a partir da experiência, a obter o que você quer e a evitar o que você não quer. Sempre se pode aprender a partir da experiência por condicionamento, mas, quando você sabe qual é o seu propósito, você também pode começar a aprender, a partir da experiência, por meio do raciocínio e da lembrança.

Mesmo que haja um *continuum* gradual, parece correto dizer que um animal que pode ter em mente seus propósitos e talvez pensar sobre como atingi-los está exercendo um grau maior de controle consciente de seus próprios movimentos do que a aranha, por exemplo, e é, num sentido mais profundo, um agente. É nesse ponto, como em algumas conclusões de Frans de Waal, que há espaço para a discordância sobre o que seja a descrição intencional apropriada de uma ação, pois é nesse nível que nos comprometemos a ajustar a descrição intencional da ação ao que está em curso do ponto de vista do agente. (Atos falhos causam um problema para a afirmação que acabei de fazer, mas quero deixar isso de lado neste momento.) Essa é uma diferença em comparação com o estágio anterior: quando descrevemos a aranha como "tentando obter alimento", não nos importamos se é isso o que a aranha pensa estar fazendo. No nível da aranha, é natural que a descrição intencional do movimento e a respectiva explicação caminhem juntas nesse sentido. Entretanto, ao considerar os propósitos conscientemente, a descrição intencional da ação deve captar alguma coisa sobre como isso parece aos olhos do agente. Como nesse nível ajustamos a descrição intencional à perspectiva do agente, faz sentido perguntar se a fêmea de macaco-prego está protestando contra a injustiça ou simplesmente está aguardando a uva. Tudo isso representa um modo mais profundo em que uma ação pode ser descrita como "intencional" ou não.

Todavia, alguns filósofos não acreditam que seja esse o nível mais profundo da intencionalidade. No nível da intencionalidade que acabei de descrever, o animal está consciente de seus propósitos e pensa em como buscá-los. Ele, no entanto, não escolhe ir atrás desses propósitos. Os propósitos do animal são dados a ele por seus estados afetivos: suas emoções e seus desejos instintivos ou aprendidos. Mesmo no caso em que o animal deva escolher entre dois propósitos, por exemplo: um macho quer acasalar-se com uma fêmea, mas outro macho maior está se aproximando e ele quer evitar o confronto; ele faz a escolha pela força de seus estados afetivos. Ele aprendeu que seu medo de um macho maior é mais intenso do que seu desejo de se acasalar. A finalidade do propósito do animal está determinada para ele por seus desejos e emoções.

Os kantianos estão entre os filósofos que acreditam ser possível um nível mais profundo de avaliação e, consequentemente, de escolha. Além de nos perguntarmos como conseguir o que queremos, também podemos nos perguntar se desejar isso é uma razão suficientemente boa para realizar essa ação específica. A questão não é simplesmente se o ato é um modo efetivo de atingir seu fim, mas, mesmo que assim seja, se o fato de querer esse fim *justifica* nossos atos. Kant é célebre por pensar que formular essa pergunta sobre uma ação proposta assume uma forma particular; você formula o que ele chamou de uma máxima: eu executarei esta ação para atingir este fim. Em seguida, submete essa máxima ao teste de imperativo categórico. Desse modo, perguntamo-nos se se trata de uma lei universal, isto é, se desejaríamos que todo aquele que deseja atingir esse tipo de fim deve realizar esse tipo de ação. De fato, estamos nos indagando se a nossa máxima pode servir como princípio racional. Em alguns casos, acreditava Kant, descobrimos não poder desejar que nossa vontade seja uma lei universal e, nesse caso, temos de rejeitar a ação descrita por estar errada. Mesmo se considerarmos justificada a ação e agirmos nessa conformidade, estaremos agindo não a partir do mero desejo, mas com base no julgamento de que a ação está justificada.

Por que digo que isso representa um nível mais profundo de intencionalidade? Em primeiro lugar, um agente capaz dessa forma de avaliação é capaz de rejeitar uma ação junto com seu propósito, não porque exista alguma outra coisa que ele queira (ou tema) mais ainda, mas simplesmente porque considera que executar esse tipo de ato para aquele propósito seja errado. Em uma famosa passagem de *The Critique of Practical Reason* [*Crítica da razão prática*], Kant argumentou que somos *capazes* de deixar de lado mesmo os nossos desejos naturais mais urgentes – como o desejo de preservar nossa própria vida e assegurar o bem-estar das pessoas amadas – para evitar cometer uma ação errada. Kant cita o exemplo de um homem que recebe a ordem de seu rei, sob pena de morte para si e sofrimento para sua família, de prestar falso testemunho contra uma pessoa inocente da qual o rei quer se livrar. Embora ninguém possa dizer, com certeza, como agiria nessa circunstância, Kant argumenta que todos nós devemos admitir para nós mesmos que somos capazes de fazer a coisa certa.[9] Se somos capazes de deixar de lado nossos propósitos quando não conseguimos alcançá-los por meios honestos, também há um sentido segundo o qual, quando

---

[9] *The Critique of Practical Reason* (1788), traduzido por Mary Gregor, Cambridge: Cambridge University Press, 1997, p. 27.

decidimos alcançar um propósito determinado, pode-se considerar que *adotamos* esse propósito como próprio. Nossos propósitos podem ser sugeridos por nossos desejos e emoções, mas eles não são determinados por nossos estados afetivos, visto que, se tivéssemos julgado errado lutar por eles, poderíamos tê-los deixado de lado. Como escolhemos não apenas os meios para chegar aos nossos fins, mas também os próprios fins, essa é a intencionalidade em um nível mais profundo. Pois exercemos um nível mais profundo de controle sobre nossos próprios movimentos quando escolhemos nossos fins, assim como os meios para chegar a eles, em comparação com o apresentado por um animal que luta por fins que lhe são dados por seus estados afetivos, ainda que o animal lute por eles de modo consciente e inteligente. Outro modo de apresentar esse tema é dizer que não apenas *temos* intenções, boas ou más. Nós as avaliamos e as adotamos como próprias. Temos a capacidade de nos autogovernar normativamente ou, como Kant diz, "autonomia". É nesse nível que emerge a moralidade. A moralidade de nossas ações não é uma função do conteúdo de nossas intenções, mas do exercício do autogoverno normativo.[10]

Proponho isso como resposta a uma pergunta que Frans de Waal formula em *Good Natured*: "O que há de diferente em nossa forma de agir que torna a nós, e a nenhuma outra espécie, criaturas morais?". Embora eu acredite que a capacidade de autonomia seja característica dos seres humanos e provavelmente peculiar a eles, a questão de quão longe essa capacidade se estende no reino animal com certeza é empírica. Não existe nada de artificial, não natural

---

[10] Embora possa não parecer absolutamente óbvio, o argumento que acabei de apresentar é uma versão do argumento que leva Kant, na primeira seção do *Groundwork of the Metaphysics of Morals* [*Fundamentação da Metafísica dos Costumes*] (1785), à conclusão de que "uma ação por dever tem seu valor moral não pelo propósito a ser atingido por ela, mas pela máxima de acordo com a qual se tomou a decisão de executá-la". Minha citação é baseada na tradução de Mary Gregor (Cambridge: Cambridge University Press, 1998), p. 13.

ou místico na capacidade de autogoverno normativo. Requer uma certa forma de autoconsciência, isto é, consciência dos princípios a partir dos quais você se propõe a agir *como sendo princípios*. Quero dizer que um agente não humano pode ter consciência do objeto de seu temor ou desejo e ter consciência dele como *temível* ou *desejável* e, consequentemente, como alguma coisa a ser evitada ou procurada. Esse é o princípio de sua ação. Em contraste, um animal racional, além disso, tem consciência do fato de *que* ele teme ou deseja o objeto e *que*, devido a isso, opta por agir de um modo ou de outro.[11] É isso que quero dizer quando digo ter consciência do princípio *como um princípio*. O animal não pensa apenas no objeto que teme ou em seu caráter estarrecedor, mas nos seus próprios temores e desejos. Uma vez que você está ciente de que está se movimentando em uma determinada direção, você tem certa distância reflexiva do motivo, e você se encontra numa posição em que se pergunta: "Devo ir nessa direção? Desejar esse fim me leva a fazer essa ação, mas proporciona realmente uma razão para fazê-lo?" Agora você está em posição para fazer uma pergunta normativa sobre o que você *deveria* fazer.

Acredito que, em geral, essa forma de autoconsciência – consciência dos princípios que formam nossas crenças e ações – seja a origem da razão, capacidade que é distinta da inteligência. A inteligência é a capacidade de aprender sobre o mundo, aprender a partir da experiência, estabelecer novas conexões de causa e efeito e colocar esse conhecimento em ação a fim de alcançar nossos propósitos. A razão, em contraposição, olha para dentro e concentra-se nas conexões entre os estados mentais e as atividades: se nossas ações são justificadas por nossos motivos ou se nossas inferências

---

[11] Ter consciência dos princípios de nossas crenças e ações como princípios é uma forma de autoconsciência porque isso envolve identificar *a si próprio* como o *sujeito* de nossas representações mentais.

são justificadas por nossas crenças. Acho que poderíamos fazer comentários sobre as crenças de animais não humanos inteligentes que se assemelham ao que estou falando agora sobre suas ações. Os animais não humanos podem ter crenças e podem chegar a essas crenças sob a influência de alguma evidência, mas é um passo à frente ser o tipo de animal que pode perguntar a si próprio se tal evidência realmente justifica uma crença determinada, e ajustar suas conclusões de acordo com isso.[12]

Adam Smith e, depois dele, Charles Darwin acreditavam que dar conta da capacidade de autogoverno normativo é essencial para explicar o desenvolvimento da moralidade porque é básico para entender o que Darwin descreve como "essa breve, mas imperiosa palavra, tão plena de significados elevados: o *dever*".[13] O interessante é que ambos o explicaram recorrendo à nossa natureza social.[14] De acordo com a explicação de Adam Smith, é a empatia para com as respostas que os outros nos oferecem que faz com que voltemos nossa atenção ao nosso interior, criando uma consciência de nossas próprias motivações e caráter como objetos factíveis de serem julgados. Para Smith, a empatia é uma tendência de colocar-se no lugar do outro e pensar em como reagiríamos se estivéssemos em sua circunstância. Julgamos *apropriados* os sentimentos dos

---

[12] Desenvolvo esse argumento em *The Sources of Normativity*, Cambridge: Cambridge University Press, 1996.

[13] *The Descent of Man*, op. cit., p. 70. [*A Origem do Homem*]

[14] Freud e Nietzsche também recorreram à nossa natureza social para explicar a origem da moralidade. Eles sustentam que nossa capacidade de ter controle de nós mesmos resulta da interiorização de nossos instintos de dominância e de dirigi-los contra nós mesmos. Psicologicamente, o fenômeno da dominância me parece um promissor ponto de partida para a busca da origem evolutiva da capacidade de ser motivado por um dever, como propus em *The Sources of Normativity*, p. 157-160. Para o texto de Freud, ver *Civilization and Its Discontents* (traduzido por James Strachey, New York: W. W. Norton, 1961) [*O mal-estar na civilização*], especialmente o capítulo VII. Para o texto de Nietzsche, ver *The Genealogy of Morals* [*Genealogia da moral*], traduzido por Walter Kaufman e R. J. Hollingdale, New York: Random House, 1967, especialmente o Ensaio II.

outros e suas ações resultantes se forem o que presumivelmente sentiríamos em seu lugar. Se os humanos fossem solitários, argumenta Smith, nossa atenção se concentraria no mundo externo: um homem com medo de um leão pensaria no leão e não no seu próprio medo. Como somos animais sociais, a empatia nos leva a considerar como os outros nos veem e a considerar seus sentimentos a nosso respeito. Pelos olhos dos outros, tornamo-nos espectadores de nossa própria conduta, dividindo-nos internamente, como descreveu Smith, em ator e espectador, e elaborando julgamentos sobre a adequação de nossos próprios sentimentos e motivações. O espectador interno transforma nosso desejo natural de ser estimado e elogiado em algo mais profundo – um desejo de ser digno de elogio. Pois entender que somos dignos de elogio é o mesmo que dizer que seria *apropriado* que os outros nos elogiassem, e nosso espectador interno, que conhece nossas motivações internas, está numa posição que lhe permite emitir um juízo a respeito. Desse modo, desenvolvemos a capacidade de ser motivados por pensamentos sobre o que devemos fazer e como devemos ser.[15]

Darwin especula que a capacidade de autogoverno normativo surgiu da diferença no modo como somos afetados por nossos instintos sociais e nossos apetites. O efeito dos instintos sociais na mente é constante e calmo, enquanto o dos apetites é episódico e abrupto. Por essa razão, os animais sociais são submetidos a frequentes tentações de violar seus instintos sociais por causa de seus apetites, como, por exemplo, quando uma fêmea negligencia sua prole enquanto está acasalando. É uma experiência familiar que satisfazer um apetite parece mais importante quando se está envolvido no ato do que após tê-lo satisfeito. Desse modo, quando as faculdades mentais de um animal social se desenvolvem tanto

---

[15] Adam Smith, *The Theory of Moral Sentiments* [*Teoria dos sentimentos morais*] (1759), Indianapolis: Liberty Classics, 1982.

que ele pode se lembrar de ter cedido a essas tentações, ele pode também considerar que não valeu a pena e finalmente aprender a controlar esses impulsos. Nossa capacidade de ser motivado pela palavra imperiosa "dever", sugere Darwin, tem sua origem nesse tipo de experiência.[16]

No ensaio "Conjectures on the Beginning of Human History", Kant argumentou que a forma de autoconsciência subjacente à nossa autonomia também pode desempenhar um papel na explicação de alguns dos outros atributos distintivamente humanos – incluindo cultura, amor romântico e a capacidade de agir por autointeresse. Outros filósofos observaram a conexão desse tipo de autoconsciência com a capacidade para a linguagem. Não posso aprofundar essas questões aqui, mas, se elas estiverem corretas, fornecerão provas de que apenas os seres humanos têm esse tipo de autoconsciência.[17]

Se isso estiver correto, então a capacidade de autogoverno normativo e o nível mais profundo de controle intencional que a acompanha provavelmente serão exclusivos dos seres humanos. É no uso apropriado dessa capacidade – capacidade de formular julgamentos do que devemos fazer e agir com base neles – que a essência da moralidade se situa, e não no altruísmo ou na busca pelo bem maior. Assim, não concordo com Frans de Waal quando diz: "Em vez de melhorar apenas as relações ao nosso redor, como os símios fazem, dispomos de ensinamentos explícitos sobre o valor da comunidade e a precedência que ela tem, ou deveria ter, sobre os interesses individuais. Nós, os humanos, levamos essa questão muito mais longe que os símios, razão pela qual temos sistemas

---

[16] *The Descent of Man*, op. cit., p. 87-93.
[17] O ensaio "Conjectures on the Beginning of Human History" (1786) pode ser encontrado em *Kant: Political Writings*, 2nd ed., edição de Hans Reiss e tradução de H. B. Nisbet, Cambridge: Cambridge University Press, 1991.

morais e eles não" (p. 82). A diferença aqui não é uma simples questão de grau.

Essa capacidade de ser motivado por um dever não é uma diferença pequena. Representa o que Frans de Waal chama de mudança saltatória. Uma forma de vida governada por princípios e valores é muito diferente de uma governada por instinto, desejo e emoção, por mais inteligente e sociável que esta seja. A história de Kant sobre o homem que decide enfrentar a morte em vez de prestar um falso testemunho é próprio de um grande drama moral, mas mostra semelhanças constantes em nossa vida cotidiana. Temos ideias sobre o que devemos fazer e como devemos ser e estamos constantemente tentando viver de acordo com esses padrões. Os símios não vivem assim. Lutamos para ser honestos, gentis, responsáveis e valentes em circunstâncias em que isso é difícil. Mesmo que os símios sejam, algumas vezes, corteses, responsáveis e valentes, isso não ocorre porque eles acham que devem ser assim. Mesmo um fenômeno primitivo como os esforços de um adolescente em ser "legal" é uma manifestação da tendência humana de viver uma vida guiada por ideais e não apenas por impulsos e desejos. Também sofremos profundamente em decorrência de nossas autoavaliações e agimos de modo doentio e maldoso em consequência disso. Isso é parte do que eu tinha em mente antes, quando disse que os seres humanos parecem psicologicamente danificados em aspectos que sugerem alguma ruptura profunda com a natureza. No entanto, isso não quer dizer que a moralidade seja um fino revestimento que recobre nossa natureza animal. É bem o contrário: o caráter distintivo da ação humana nos confere um modo de ser no mundo completamente diferente.

Minha questão não é que os seres humanos vivam vidas de princípio e valor e sejam sempre nobres, enquanto os outros animais não e, portanto, sejam vis. A singularidade da ação humana é uma fonte de nossa capacidade para exercer tanto o mal quanto o bem. Um animal não pode ser julgado ou considerado responsável por seguir seu impulso mais forte. Os animais não são vis; simplesmente estão além do julgamento moral. Concordo com Frans de Waal quando sustenta que, por um lado, pode ser muito enganoso dizer que uma pessoa que age com maldade atua age "como um animal" ("o homem é lobo do homem"). Mas, de alguma forma, não constitui um insulto aos animais não humanos, da mesma forma que não é um insulto às plantas quando se diz que uma pessoa com lesão cerebral se tornou um vegetal. Assim, como a segunda observação significa que a pessoa se distanciou de sua natureza animada, a primeira significa que ela se separou de sua natureza humana. Ao seguir seu impulso mais forte sem questionar ou refletir, a pessoa deixou de exercer o controle intencional sobre seus movimentos, capacidade que nos torna humanos. Essa não é a única forma de fazer o mal, mas é uma delas.

Mencionei anteriormente que é provável que nos sintamos mais à vontade no que se refere aos vários modos como usamos os outros animais se pensarmos que eles são muito diferentes de nós. Para mim, é importante dizer que não acredito que a diferença que venho descrevendo deva nos confortar. Exatamente o oposto é verdadeiro. Em *Good Natured*, Frans de Waal conta a história de um macaco-prego zangado que atira objetos contra um observador humano. Quando acabam os objetos que jogava, o macaco-prego pegou um macaco-de-cheiro [pequeno macaco semelhante a um esquilo] e jogou-o contra o observador humano. Frans de Waal observa: "Os animais, com frequência, parecem considerar os que pertencem a uma outra espécie como meros objetos ambulantes".[18] Mas nenhuma espécie tem maior culpa de tratar os que pertencem

---

[18] *Good Natured*, op. cit., p. 84.

a outras espécies como objetos ambulantes do que nós, e nós somos a única espécie que é consciente de que isso é errado. Como seres capazes de fazer o que devem e responsabilizar-se pelo que fazem, seres capazes de interessar-se pelo que *são* e não apenas pelo que podem *obter* para si, estamos sujeitos à clara obrigação de tratar os outros animais decentemente, ainda que às custas de nós mesmos.

ÉTICA E EVOLUÇÃO
COMO CHEGAR AQUI A PARTIR DALI

PHILIP KITCHER

I

Com a possível exceção de Jane Goodall, Frans de Waal fez mais do que qualquer outro primatólogo para modificar nossos conhecimentos sobre a vida social de nossos parentes evolutivos mais próximos. Suas observações e experimentos primorosos têm exposto capacidades de identificação e resposta às necessidades dos coespecíficos, aparentemente mais sofisticadas em chimpanzés e bonobos, mas presentes também em outros primatas. Seus relatos detalhados dos modos como essas capacidades se manifestam quebraram o monopólio do medo, antes comum em primatólogos, de que postular disposições e estados psicológicos complexos seria antropomorfismo sentimental. Qualquer pesquisador que espera usar o comportamento social dos primatas para compreender aspectos de nossas próprias práticas deve sentir-se profundamente grato a ele.

Em suas Conferências Tanner, Frans de Waal parte de décadas de pesquisas cuidadosas para desenvolver o programa que Darwin concebeu no capítulo 5 de *The Descent of Man* [*A Origem do Homem*]. A moralidade humana, sugere Frans de Waal, origina-se das disposições que partilhamos com outros primatas, em particular com os mais próximos de nós na árvore filogenética. Do mesmo modo que ele, minha ideia resulta muito vaga em aspectos cruciais: o que exatamente se quer dizer ao afirmar que a moralidade "se origina" de traços presentes em chimpanzés ou que a moralidade é "um produto direto dos instintos sociais que compartilhamos com outros animais" ou ainda que, "no íntimo", somos verdadeiramente morais ou que "as bases da moralidade são evolutivamente muito antigas"? Quero focar nesta posição de modo mais preciso articulando uma versão particular do que acredito que Frans de Waal possa ter em mente. Se essa versão não for o que ele pretendia dizer, espero que ela o incite a desenvolver sua alternativa preferida com mais especificidade do que ele tem feito até agora.

Na realidade, penso que a própria apresentação de Frans de Waal se embaraça em função de seu desejo de criticar intensamente alguma coisa que ele concebe como rival de sua própria visão. Esse rival – a "teoria do revestimento" – deve ser demolido. O fato de a destruição dessa teoria ser tão fácil deve chamar nossa atenção para a possibilidade de que as questões reais não foram expostas nem abordadas suficientemente.

II

A teoria do revestimento, como a compreendo, divide o reino animal em dois. Por um lado temos os animais não humanos, que carecem da capacidade de compaixão ou de serem bondosos e cujas ações, à medida que podem ser compreendidas como intencionais, são a expressão de desejos egoístas. Por outro lado, os seres humanos, que frequentemente agem movidos por impulsos egoístas, mas capazes de elevar-se acima do egoísmo para sentir compaixão pelos outros, coibir suas tendências mais baixas e sacrificar seus próprios interesses por ideais mais elevados. Os membros da nossa espécie têm disposições egoístas que permeiam as partes psicologicamente mais complexas do restante do mundo animal, porém têm alguma coisa a mais: a capacidade de subjugar essas disposições. Nossa psique não é apenas repleta de ervas daninhas; nós também temos o dom da jardinagem.

Frans de Waal associa essa posição com T. H. Huxley, que apresentou a metáfora da jardinagem em sua famosa conferência de 1893. Ele acusa Huxley de desviar-se do darwinismo nesse ponto, mas, mesmo se essa declaração sobre a posição de Huxley fosse adequada (do que duvido), não é claro para mim que a acusação se justifique. Um Huxley plenamente darwiniano poderia afirmar que a evolução humana envolveu a emergência de um traço psicológico que tem a tendência de inibir uma outra parte de nossa natureza psicológica; não se trata de alguma coisa misteriosa externa a nós que se opõe à nossa natureza, mas sim de experimentarmos conflitos internos de um tipo que nunca havíamos imaginado em nossa vida. Seria muito razoável pedir que esse Huxley darwiniano explicasse como esse novo *mecanismo* poderia ter evoluído, porém, quando a resposta se mostrasse especulativa, ele seria inocente ao assumir que a moralidade seja algum tipo de acréscimo não naturalista.

A versão da teoria do revestimento que esbocei, e com a qual Frans de Waal se ocupa, implica uma visão específica do ponto de partida e do ponto de chegada. De volta ao nosso passado evolutivo, tivemos ancestrais, tão recentes quanto os ancestrais comuns de seres humanos e chimpanzés, que não tinham capacidade de compaixão e de altruísmo. Os seres humanos atuais têm maneiras de disciplinar seus impulsos egoístas, e a teoria pensa na moralidade como um conjunto de estratégias disciplinares. A objeção real à teoria do revestimento nessa forma é que ela tem um ponto de partida equivocado. A teoria é refutada por todas as provas que Frans de Waal acumulou sobre as tendências de chimpanzés, bonobos e, em menor grau, outros primatas.

Analisar esse ponto deveria ser o primeiro estágio em uma investigação sobre a história evolutiva que associa as disposições psicológicas de nossos ancestrais às capacidades que são a base de nosso comportamento moral contemporâneo. Frans de Waal demole sua versão preferida da teoria do revestimento ao ser muito claro sobre o ponto de partida – que, afinal, é um projeto ao qual tem dedicado grande parte de sua vida –, mas ele é bem menos claro em relação à natureza do término. A conversa vaga sobre "os componentes básicos" e "as consequências diretas" surge porque ele não ponderou o suficiente sobre o fenômeno humano que considera previsto ou prefigurado na vida social dos chimpanzés.

Existe o oposto da teoria do revestimento, o qual poderíamos chamar de "teoria da macicez". A teoria da macicez afirma que a moralidade está essencialmente presente em nossos ancestrais evolutivos. Talvez nos dias de glória da sociobiologia humana, algumas pessoas tenham se sentido tentadas a flertar com a teoria da macicez presumindo, por exemplo, que a moralidade humana se reduza a disposições para evitar o incesto (e tendências simples semelhantes) e que estas tenham explicações evolutivas que se aplicam a uma ampla gama de organismos.[1] A teoria da macicez considera efetivamente que o término do processo evolutivo resulta no fato de que a moralidade humana é idêntica àquela do ponto de

---

[1] Ver, por exemplo, Michael Ruse e E. O. Wilson, "Moral Philosophy as Applied Science", *Philosophy*, 61, 1986, p. 173-192. Ainda que esse ensaio adote uma visão radicalmente simplificada do conteúdo da moralidade, acho que seria injusto acusar Ruse e Wilson de apoiar completamente a teoria da macicez. Para uma discussão dos equívocos dos empreendimentos sociobiológicos na ética, ver o último capítulo da minha obra *Vaulting Ambition* (Cambridge, MA: MIT Press, 1985) e "Four Ways of 'Biologicizing' Ethics", disponível facilmente em minha coleção, *In Mendel's Mirror* (New York: Oxford University Press, 2003).

partida pré-humano. Não é nem mais nem menos plausível que a teoria do revestimento, como Frans de Waal a descreve. Todas as posições que são de algum modo interessantes se situam em um terreno intermediário.

Frans de Waal inicia suas conferências mencionando uma citação do falecido Stephen Jay Gould, extraída de uma passagem em que Gould estava respondendo a explicações sociobiológicas da natureza humana. Acho que vale a pena refletir sobre outra observação de Gould, o comentário de que, quando pronunciamos a sentença "Os seres humanos descendem dos símios", podemos enfatizar um ou outro aspecto para ressaltar as continuidades ou as diferenças. Ou, com outro exemplo, a expressão de Darwin "descendência com modificação" representa fielmente dois aspectos do processo evolutivo: a descendência e a modificação. O aspecto menos satisfatório das conferências de Frans de Waal é o uso de uma linguagem vaga ("componentes básicos", "consequências diretas") substituindo quaisquer sugestões específicas sobre o que descendeu e o que foi modificado. Criticar duramente a "teoria do revestimento" (ou a teoria da macicez) não é suficiente.

III

Na realidade, Frans de Waal oferece um pouco mais do que admiti até aqui. Ele tem acompanhado os desenvolvimentos na ética evolucionista (ou na evolução da ética) durante os últimos quinze anos, período em que o reducionismo ingênuo presente nas explicações sociobiológicas cederam espaço a propostas de uma aliança entre Darwin e Hume. Como Frans de Waal corretamente reconhece, a tradição sentimentalista na teoria da ética, em que Adam Smith merece (pelo menos) o mesmo crédito que Hume, tem ganhado aprovação de filósofos. Com isso, os aspirantes a defensores da ética evolucionista têm sentido atração pelo que vou designar como "chamariz de Hume-Smith".

Esse chamariz consiste em focar nossa atenção no papel fundamental que a empatia tem nos discursos éticos de Hume e Smith. Então, afirma-se no início que a conduta moral consiste na expressão das paixões apropriadas e que a empatia é central nessas paixões. Em seguida, argumenta-se que os chimpanzés têm capacidades de empatia e conclui-se que eles têm o núcleo psicologicamente necessário para a moralidade. Se houver preocupações sobre o que significa falar do papel "central" da empatia ou do "núcleo" da psicologia moral, o primatólogo ou o defensor da teoria evolucionista podem isentar-se da responsabilidade. Hume, Smith e seus contemporâneos elucidaram como a empatia se insere na psicologia moral e no comportamento moral; os primatólogos demonstram a existência de tendências empáticas na vida social dos primatas; e os teóricos do evolucionismo demonstram como as tendências desse tipo podem ter evoluído.[2]

Minha caracterização dessa estratégia como o "chamariz de Hume-Smith" tem como objetivo sinalizar que ela é muito mais problemática do que muitos escritores a consideram (incluindo alguns filósofos, mas especialmente não filósofos). Para compreender as dificuldades, precisamos investigar a noção de altruísmo psicológico, reconhecer exatamente que tipos de altruísmo psicológico têm sido revelados pelos estudos em primatas e relacionar essas disposições com os sentimentos morais invocados por Hume, Smith e seus sucessores.

Frans de Waal quer reconhecer que os primatas não huma-

---

[2] Isso requer o desenvolvimento de abordagens da cooperação para considerar as motivações subjacentes. Os trabalhos pioneiros nessa área se devem a Robert Trivers, Robert Axelrod e W. D. Hamilton. Para uma possível abordagem desse tema, veja meu ensaio "The Evolution of Human Altruism" (*Journal of Philosophy* 1993; reproduzido em *In Mendel's Mirror*).

nos têm disposições que não são simplesmente egoístas, e é útil pensar em "altruísmo psicológico" como um termo abrangente para designá-las. Compreendo o altruísmo psicológico como uma noção complexa que envolve a adaptação dos desejos, intenções e emoções à luz das percepções das necessidades e desejos dos outros. Frans de Waal distingue, com propriedade, a noção psicológica da concepção biológica do altruísmo, definido em termos da promoção do sucesso reprodutivo dos demais à custa de si no que se refere à reprodução; como ele salienta, a ideia interessante é que isso se aplica apenas no contexto do comportamento intencional e pode ser desvinculado de qualquer pensamento de assistência ao sucesso reprodutivo de outros animais.

Mais precisamente, o altruísmo psicológico deve ser pensado em termos da relação entre estados psicológicos em situações que variam de acordo com a percepção da necessidade ou com o desejo do outro. Embora a resposta altruísta possa consistir na modificação das emoções ou intenções, pode ser mais fácil introduzir o conceito se fizermos referência ao desejo. Imagine um organismo A em um contexto em que as ações possíveis não exerçam nenhum efeito perceptível no organismo B, e suponha que A prefira uma dada opção. No entanto, pode ser verdade sobre A que, em um contexto muito semelhante ao original, em que haja um efeito perceptível em B, A prefira outra ação, a que A considera ser mais útil aos desejos ou necessidades de B. Se essas condições forem satisfeitas, então A satisfaz um requisito mínimo para ser considerado um organismo com disposição altruísta em relação a B, que seria seu beneficiário. Porém, as condições não são suficientes, a menos que também seja o caso de que a mudança da preferência de A na situação em que os interesses de B desempenham um papel tiver sido causada pela percepção de A de que a ação alternativa satisfaz mais os desejos ou necessidades de B e, além disso, que a mudança não seja gerada por um cálculo de que seria provável que a ação alternativa satisfizesse outras preferências existentes de A. Tudo isso é um modo de esmiuçar a ideia de que o que torna um desejo altruísta é a disposição de modificar o que é escolhido em uma situação em que se percebe o impacto no outro; que a modificação faz a escolha corresponder mais estreitamente aos desejos ou necessidades percebidas do outro; que a modificação é causada pela percepção desses desejos ou necessidades e que não há envolvimento de cálculo de vantagens futuras esperadas como satisfação de preferências em curso.

Uma ilustração pode ser útil. Suponha que A encontre um alimento e deseje devorá-lo sozinho – isto é, na ausência de B, A devoraria todo o alimento. Contudo, se B estiver presente, A pode escolher compartilhar o alimento com B (modificando o desejo que teria entrado em ação caso B não estivesse presente); A pode fazê-lo porque percebe que B deseja parte do alimento (ou talvez que B precise de parte do alimento) e pode fazê-lo sem considerar que a partilha do alimento lhe trará algum benefício egoísta adicional (por exemplo, que é provável que B retribua sua ação em ocasiões futuras). Nessas circunstâncias, o desejo de A de partilhar o alimento é altruísta em relação a B.

Podemos pensar na aplicação da mesma estrutura no caso das emoções ou intenções –modificação do estado que estaria presente e é causada pela percepção dos desejos ou necessidades do outro e que não acontece por acreditar em um benefício futuro. No entanto, mesmo se restringirmos a atenção ao caso do desejo altruísta, deve ficar claro que existem muitos tipos de altruísmo psicológico. Como minha formulação disjuntiva – "desejos ou necessidades" – sugere, um altruísta pode responder ou aos desejos percebidos ou às necessidades percebidas do beneficiário. Tipicamente, é provável que os desejos e as necessidades estejam em harmonia, mas, quando divergem, os altruístas têm de escolher qual seguir. O altruísmo paternalista responde às necessidades em vez de aos desejos; o altruísmo não paternalista, por sua vez, responde aos desejos.

Além da distinção entre altruísmo paternalista e não paternalista, também é importante reconhecer as quatro dimensões do altruísmo: intensidade, alcance, extensão e destreza. A intensidade é caracterizada pelo grau em que o altruísta acomoda o desejo percebido (ou necessidade) do beneficiário; no exemplo da partilha de alimento, é fácil representar isso concretamente como a porção do alimento que o altruísta está disposto a dar ao beneficiário.[3] O alcance do altruísmo se define pelo conjunto de contextos em que o altruísta apresenta uma resposta altruísta: para citar um exemplo de Frans de Waal, dois chimpanzés machos adultos podem estar dispostos a partilhar em várias situações, mas, se o que estiver em jogo for realmente importante (com a possibilidade de monopolizar o acesso reprodutivo, por exemplo), um chimpanzé, outrora amigo, pode agir com menosprezo absoluto em relação aos desejos ou às necessidades do outro.[4] A extensão do altruísmo é expressa pelo conjunto de indivíduos para os quais o altruísta está disposto a oferecer uma resposta altruísta. Finalmente, a destreza do altruísta é medida pela habilidade de discernir, em várias situações, os desejos reais do beneficiário em potencial (ou, no caso dos altruístas paternalistas, as reais necessidades daquele).

Mesmo se ignorarmos as complicações da elaboração de uma abordagem semelhante da emoção e da intenção, e mesmo se desconsiderarmos a distinção entre o altruísmo paternalista e o não

---

[3] Ver "The Evolution of Human Altruism". Como observado nessa obra, a resposta pode variar de abnegação completa (dar tudo) ao egoísmo completo (nunca dar), passando pelo "altruísmo da regra de ouro" (dar em partes iguais).

[4] Ver Frans de Waal, *Chimpanzee Politics*. Baltimore: John Hopkins University Press, 1982.

paternalista, é evidente que há uma grande variedade de tipos de altruístas psicológicos. Se pensarmos em um espaço quadridimensional, podemos mapear os "perfis de altruísmo" que capturam as diferentes intensidades e destrezas com que os indivíduos respondem em contextos variados a diferentes potenciais beneficiários. Alguns perfis apresentam respostas de baixa intensidade diante de muitos outros em muitas situações; outros possíveis perfis demonstram respostas de alta intensidade diante de uns poucos indivíduos escolhidos em quase todas as situações; outros ainda exibem respostas aos indivíduos mais necessitados em qualquer situação dada, com uma intensidade de resposta proporcional à magnitude da necessidade. Quais desses perfis, se algum deles, encontramos em seres humanos e em animais não humanos? Quais seriam encontrados em indivíduos de moral exemplar? Existe um tipo ideal único ao qual gostaríamos que todos se assemelhassem, ou o mundo moralmente ideal é aquele em que há diversidade?

Faço essas perguntas não como um prelúdio a respostas, mas como um modo de expor quão complexa é a noção de altruísmo psicológico, e o insustentável que resulta em pensar que toda vez que sabemos que os animais não humanos têm capacidades adequadas para o altruísmo psicológico possamos inferir que eles também têm os "componentes básicos" da moralidade. O declínio da teoria do revestimento, tal como Frans de Waal a compreende, nos diz que nossos parentes evolutivos ocupam algum lugar no espaço do altruísmo, distante do ponto do completo egoísmo indiferente. Até que tenhamos uma visão mais clara dos tipos específicos de altruísmo psicológico que os chimpanzés e outros primatas não humanos apresentam, e até que saibamos que tipos são relevantes para a moralidade, é prematuro afirmar que a moralidade humana é uma "consequência direta" das tendências que esses animais compartilham conosco.

IV

Frans de Waal elaborou um argumento muito sólido a favor da existência de *algumas* formas de altruísmo psicológico no mundo não humano. Seu melhor exemplo, a meu ver, é o que ele descreveu em *Good Natured* e que ele repete aqui – a história de Jakie, Krom e os pneus. Sua descrição demonstra convincentemente que o jovem Jakie modificou seus desejos e intenções que outrora sentira, que ele fez isso em resposta à sua percepção dos desejos de Krom, e que os desejos modificados tinham por objetivo satisfazer o desejo de Krom percebido por ele. Embora os defensores intransigentes do egoísmo psicológico possam insistir que a mudança se deu por algum cálculo maquiavélico engenhoso, é extremamente difícil chegar a uma hipótese plausível – Krom é uma fêmea adulta com leve deficiência mental, com baixo status social e que tem pouca possibilidade de ajudar a Jakie, e a ideia de que isso possa elevar sua reputação na opinião dos espectadores é desmentida pela ausência de outros membros do bando.[5] Isso revela que Jakie foi capaz de uma resposta psicologicamente altruísta, de intensidade, no máximo, moderada (o custo de interromper suas atividades para auxiliar com os pneus foi baixo), a um indivíduo com o qual ele tinha uma relação duradoura em um contexto em que quase nada mais ocorria.

Outros exemplos são muito menos convincentes. Considere os macacos-pregos, o pepino e a uva. Quando surgiu o relato de Frans de Waal de seus experimentos, alguns entusiastas estavam

---

[5] Parece-me também que esse exemplo evita a preocupação que Elliott Sober e David Sloan Wilson explicam minuciosamente no capítulo final de seu excelente estudo sobre o altruísmo, *Unto Others*. Cambridge, MA: Harvard University Press, 1998. É muito difícil pressupor que Jakie tenha agido por um desejo exibicionista, que provém do reconhecimento de que se agiu corretamente (ou da aprovação da comunidade), ou por desejo de evitar o remorso proveniente do reconhecimento de que não se agiu corretamente. Essas hipóteses psicológicas são de fato um convite para a acusação de antropomorfismo injustificado.

preparados para aclamá-los como demonstrativos de um sentido de justiça em animais não humanos.[6] Considero que um senso de justiça implica a existência do altruísmo psicológico como o compreendo, pois depende de não se sentir contente com uma situação que teria sido vista como satisfatória, precisamente porque se admite que as necessidades dos outros não foram atendidas. Na realidade, o estudo experimental de Frans de Waal não revela nenhum tipo de altruísmo psicológico, mas simplesmente o reconhecimento, por parte de um animal, da possibilidade de uma recompensa preferida que ele não tenha recebido e um protesto que resulta do desejo egoísta de obtê-la.

Na minha opinião, os exemplos mais convincentes de altruísmo psicológico são os do tipo Jakie-Krom, casos em que um animal adapta seu comportamento à percepção de um desejo ou necessidade de outro animal com o qual ele tem interagido com frequência, ou casos em que um animal mais velho responde às necessidades percebidas dos indivíduos mais jovens. Eles são suficientes para demonstrar que os animais não humanos não são invariavelmente egoístas psicológicos – e, de fato, para presumir ser provável que partilhemos algumas capacidades e o mesmo status. Entretanto, quão relevante é o altruísmo psicológico desse tipo para a prática moral humana?

Alguma capacidade de ajustar nossos desejos e intenções à percepção dos desejos e necessidades de outros parece ser uma condição necessária para o comportamento moral.[7] Mas, como minhas

---

[6] Em uma conferência na London School of Economics, Frans de Waal estava propenso a apresentá-los em termos semelhantes. Nas Conferências Tanner, Frans de Waal se afasta apropriadamente daquela interpretação. Como muitas pessoas no encontro da LSE salientaram, os protestos por parte do indivíduo magoado não contribuem muito para demonstrar um sentido de justiça. Naturalmente, se o macaco-prego sortudo jogasse a uva no chão até que seu companheiro recebesse uma recompensa semelhante, isso sim seria *muito* interessante!

[7] Parece-me que não apenas os defensores da tradição de Hume-Smith, mas também os kantianos

observações sobre as variedades de altruísmo psicológico devem ter sugerido, isso não é suficiente. Hume e Smith acreditavam que a capacidade de altruísmo psicológico, por benevolência (Hume) ou por empatia (Smith), é bastante limitada; Smith começa a obra *Teoria dos sentimentos morais* com uma discussão de como nossas respostas às emoções dos outros são cópias pálidas. Ambos provavelmente reconheceriam os estudos de Frans de Waal em toda sua amplitude, de *Chimpanzee Politics* a *Good Natured*, passando por *Peacemaking among Primates* [Construção de paz entre primatas], como comprovação de seus principais pontos, demonstrando (nos meus termos) que o altruísmo psicológico existe, mas é limitado em sua intensidade, alcance, extensão e destreza.

Um aspecto muito mais importante é que eles distinguiriam esse altruísmo psicológico de primeira ordem das respostas dos sentimentos genuinamente *morais*. A obra de Hume *Enquiry Concerning the Principles of Morals* [Uma Investigação sobre os Princípios da Moral] conclui identificando os sentimentos morais como próprios da humanidade. Ele supõe, acredito, que tenhamos a capacidade de aprimorar as limitadas disposições originais de responder aos desejos e necessidades de nossos amigos e filhos. Mediante a imersão apropriada na sociedade, podemos ser levados a expandir nossos sentimentos empáticos de modo que, ao final, seremos movidos pelo que é "útil e agradável" às pessoas, não apenas quando isso entrar em conflito com nossos desejos egoístas, mas até quando isso discordar de nossas respostas altruístas mais primitivas, localmente tendenciosas.

Smith é muito mais explícito que Hume sobre como essa ampliação da empatia ocorreria. Ele considera que isso envolve

---

mais rigorosos podem aceitar esse ponto. Um kantiano extremo poderia presumir que a resposta psicologicamente altruísta emerge da operação da razão por "cognição fria", e não por empatia da qual fala Hume e Smith.

refletir sobre os julgamentos de indivíduos que nos rodeiam e que possuem diferentes perspectivas, até que sejamos capazes de combinar cada ponto de vista com seus preconceitos peculiares em uma avaliação que expresse um sentimento genuinamente *moral*.[8] Sem a figura do espectador imparcial, o "homem no peito" de Smith, temos apenas nossas empatias limitadas e idiossincráticas, tipos de altruísmo psicológico que podem ser necessários se as respostas morais forem se desenvolver em nós, mas isso está muito aquém da moralidade.

Acho que o chamariz de Hume-Smith é exatamente isso. É um convite aos estudiosos do comportamento animal para demonstrarem a existência do altruísmo psicológico em seus sujeitos partindo do pressuposto de que qualquer tipo serve já que "Hume e Smith demonstraram que a moralidade consiste em basicamente ser altruísta". Penso que ainda é necessário muito trabalho. Felizmente os estudos de Frans de Waal são úteis para nos mostrar como podemos prosseguir.

V

O papel do espectador imparcial de Smith (ou da razão interna de Kant, e um grande número de mecanismos filosóficos que governam o comportamento moral) é especialmente evidente em casos de conflito. Os conflitos mais óbvios são aqueles em que um impulso egoísta se opõe a um impulso altruísta. Nesses casos,

---

[8] Descrevo mais detalhadamente como esse processo de aprimoramento deve ocorrer em "The Hall of Mirrors", em *Proceedings and Addresses of the American Philosophical Association*, November 1985, p. 67-84. Nesse ensaio, também afirmo que o argumento de Smith (como a versão menos desenvolvida de Hume) não pode erradicar amplamente os preconceitos compartilhados. A consideração desse ponto me leva a propor uma modificação do projeto ético de acordo com as linhas sugeridas por Dewey – em vez de pensar na ampliação do conceito de empatia que nos oferece um sistema ético acabado e completo, deveríamos concebê-la como um instrumento para avançar a partir de onde estamos.

poder-se-ia pensar, o veredito da moralidade é que deve vencer o impulso altruísta para que um passo-chave na evolução da ética seja a aquisição de alguma capacidade de altruísmo psicológico. Isso resulta rápido demais. Precisamos da figura do espectador imparcial (ou algo equivalente) porque nossas disposições altruístas são muito frágeis, com frequência erradas, e porque os impulsos altruístas que entram em conflito requerem que se adote uma decisão.[9] Pode-se ver o que acontece, quando não há um árbitro interno, se considerarmos os primeiros estudos de Frans de Waal à luz de suas defesas posteriores do altruísmo psicológico.

Chimpanzee Politics e *Peacemaking among Primates* revelam mundos sociais em que existem formas limitadas de altruísmo psicológico. As sociedades são divididas em coalizões e alianças nas quais os animais cooperam durante parte do tempo. Parte da cooperação pode basear-se na identificação de vantagens futuras, mas há momentos em que a hipótese de que um animal esteja respondendo às necessidades de outro animal sem calcular benefícios futuros parece plausível. Se tentar avaliar o altruísmo psicológico de acordo com as dimensões que mencionei acima, descobriremos que os chimpanzés de Frans de Waal (a espécie de que se dispõe da maioria dos dados) são muito limitados no que se refere à intensidade, alcance e extensão de suas tendências altruístas.

A limitação do alcance é especialmente importante porque, como *Peacemaking among Primates* apresenta de modo muito vívido, a cooperação entre esses animais e o altruísmo psicológico que, com frequência, subjaz a ela estão sempre se rompendo. Quando um aliado deixa de fazer sua parte, a rede social se rompe e deve ser restaurada. Frans de Waal documenta os modos demorados que os primatas usam para tranquilizar-se mutuamente, os longos

---

[9] Dewey é claríssimo sobre o fato de que o conflito moral, com frequência, não é uma questão de superar o egoísmo, mas decidir qual dos dois ideais em conflito tem precedência.

períodos de catação, por exemplo, que ocorrem após rupturas das alianças.

Se você observar esse comportamento com os olhos de Adam Smith – tanto filósofo da moral, como teórico social – existe um pensamento óbvio. Esses animais poderiam usar seu tempo e energia de modo muito mais eficiente e proveitoso se eles tivessem algum recurso para ampliar e reforçar suas disposições ao altruísmo psicológico. A existência de um "pequeno chimpanzé no peito" forneceria a eles uma sociedade mais funcional, mais tranquila, com maiores oportunidades de projetos cooperativos; talvez eles pudessem até interagir com animais que não veem todo dia e o tamanho de seu grupo poderia aumentar. Uma vez que eles apresentam algumas formas de altruísmo psicológico, eles são capazes de ter uma organização social mais rica que a da maioria das outras espécies de primatas. Como essas formas de altruísmo psicológico são tão limitadas, eles são socialmente bloqueados, incapazes de atingir sociedades maiores ou cooperação mais ampla.

As sociedades de chimpanzés exibem conflitos manifestos, resolvidos por meio de técnicas elaboradas de pacificação. Também existem conflitos internos dos próprios chimpanzés. Algumas vezes, a tendência a partilhar que um chimpanzé tem entra em confronto com a tendência de guardar o alimento para si – o chimpanzé segura firme um ramo cheio de folhas diante do pedinte, ao mesmo tempo que desvia seu olhar;[10] a rigidez da postura, o olhar fixo redirecionado e a expressão de descontentamento tornam o conflito interno tão evidente quanto o de um indivíduo que está de regime e saliva ao passar diante de uma bandeja repleta de

---

[10] Minha explicação aqui se baseia em minhas próprias observações, muito limitadas, realizadas no Wild Animal Park próximo a San Diego. O animal que observei pertencia à conhecida colônia de bonobos. Não acho que o fato de se tratar de um bonobo, e não de um chimpanzé comum, faça diferença neste caso.

quitutes tentadores. A frequência dos conflitos manifestos poderia ser reduzida se houvesse algum dispositivo para resolver os conflitos internos de modo apropriado. Entretanto, como as coisas são, chimpanzés são "caprichosos" (na terminologia útil de Harry Frankfurt), vulneráveis a qualquer que seja o impulso dominante em um momento particular.

Em algum ponto na evolução dos hominídeos, ocorreu uma etapa que nos proporcionou um dispositivo psicológico a fim de dominarmos a tendência de ser "caprichosos". Inclino-me a pensar que isso faz parte do que nos tornou plenamente humanos. Talvez isso tenha começado com a consciência de que certas formas de comportamento projetado poderiam ter resultados inoportunos, com a consequente capacidade de inibir os desejos que de outro modo seriam dominantes. Presumo que isso esteja ligado à evolução de nossa capacidade linguística, e também que uma faceta da vantagem seletiva desta capacidade linguística teve um papel em nos auxiliar a restringir nossos impulsos. Considero que nossos ancestrais tornaram-se capazes de formular padrões de ação, discuti-los entre si e chegar a modos de regular a conduta dos membros do grupo.[11]

Nesse estágio, conjecturo que houve um processo de evolução cultural. Diferentes grupos pequenos de seres humanos experimentaram vários conjuntos de recursos normativos – regras, histórias, mitos, imagens etc. – para definir o modo como "nós" vivemos. Alguns deles foram mais populares com os vizinhos e com os grupos de descendentes, talvez porque tenham oferecido maior sucesso reprodutivo, ou porque levaram a sociedades mais tranquilas, com

---

[11] Aqui estou em dívida com uma das tentativas mais sofisticadas filosoficamente de inserir a prática moral no contexto da evolução humana. *Wise Choices, Apt Feelings*, de Allan Gibbard. Cambridge, MA: Harvard University Press, 1990. Penso que Gibbard está correto ao enfatizar o papel do diálogo sobre o que fazer na história do pensamento moral, de pequenos grupos de seres humanos às sociedades atuais.

harmonia e cooperação maiores. Os recursos mais bem-sucedidos foram transmitidos de geração em geração, e aparecem de modo fragmentado nos primeiros documentos escritos que chegaram até nós – os códigos de leis das sociedades mesopotâmicas.

A maior parte desse processo é invisível por causa do longo período entre a aquisição plena da capacidade linguística (há 50 mil anos, no máximo) e a invenção da escrita (há 5 mil anos). Existem vestígios fascinantes de desenvolvimentos importantes, por exemplo, a arte rupestre e as estatuetas. Os vestígios mais significativos são indicações da maior habilidade de cooperar com indivíduos que não pertenciam ao grupo local. Desde aproximadamente 20 mil anos atrás, as descobertas em alguns sítios arqueológicos mostram um aumento no número de indivíduos presentes em um dado período, como se vários grupos menores se juntassem ali. Ainda mais intrigantes são as ferramentas feitas de materiais específicos encontradas a distâncias consideráveis do local de origem mais próximo daquelas matérias-primas; talvez isso deva ser considerado em termos de desenvolvimento de "redes de intercâmbio comercial", como alguns arqueólogos têm proposto. Talvez isso indique a capacidade dos estrangeiros de negociar sua própria passagem nos territórios de muitos grupos diferentes. Qualquer que seja a alternativa que se escolha, esses fenômenos revelam uma capacidade aumentada de cooperação e interação social, a qual se torna plenamente manifesta nos grandes assentamentos neolíticos em Jericó e Çatal Hüyük.

Quer possamos fazer mais do que formular hipóteses sobre a evolução dos eventos, quer não, acho que existe uma possível explicação evolucionista de como chegamos aqui tendo vindo dali; uma hipótese que considere o desenvolvimento de uma capacidade de orientação normativa como etapa crucial, talvez entendida nessa ampliação e aprimoramento da empatia que dá origem ao espectador imparcial de Smith. Uma vez que isso estava desenvolvido e que se dispunha de linguagens para iniciar discussões com os demais, as práticas morais explícitas, os compêndios de regras, as parábolas e histórias puderam ser desenvolvidos em linhagens culturais, algumas das quais chegaram aos dias de hoje. De volta à famosa imagem de Huxley, tornamo-nos jardineiros tendo, como parte de nossa natureza, um impulso de remover as ervas daninhas que fazem parte de nossa psique e de promover o crescimento de outras plantas, colocando uma estaca aqui ou uma treliça ali. Além disso, conosco, como em qualquer jardim, o projeto nunca termina, mas continua indefinidamente à medida que surgem novas circunstâncias e novas variedades.[12]

VI

Ao retornar a Huxley, terminei chegando à teoria do revestimento? Certamente não na versão simples que Frans de Waal tem por objetivo demolir. Como fica então a ideia de que nossos parentes evolutivos tenham os "componentes básicos" da moralidade, ou que nossas práticas e disposições morais sejam "consequências diretas" das capacidades que partilhamos com eles? Como me queixei anteriormente, essas expressões são muito vagas para ser úteis. Existem continuidades importantes entre os agentes morais humanos e os chimpanzés: partilhamos disposições para o altruísmo psicológico, sem as quais qualquer ação genuinamente moral seria impossível. Não obstante, presumo que, entre nós e nosso ancestral mais recente que partilhamos com os chimpanzés, tenham ocorrido algumas etapas evolutivas muito importantes: a emergência de uma capacidade de orientação normativa e autocon-

---

[12] Essa é a versão de Dewey do projeto moral, que delineio mais profundamente em "The Hall of Mirrors".

trole; a habilidade para dialogar e discutir sobre recursos morais potenciais uns com os outros, e aproximadamente 50 mil anos (pelo menos) de importante evolução cultural. Como Steve Gould viu tão claramente, em qualquer avaliação de nossa história evolutiva, podemos enfatizar as continuidades ou as descontinuidades. Acho que se ganha pouco com qualquer das ênfases. É melhor então reconhecer o que permaneceu e o que sofreu alterações.

Frans de Waal naturalmente pode rejeitar minhas especulações sobre como chegamos aqui vindo de lá. Embora eu ache que minha narrativa incorpore ideias que ele desenvolveu ao longo de sua carreira, ele pode preferir algum ponto de vista alternativo ao meu. O importante é que necessitamos *alguma* explicação desse tipo. É central para meu argumento a tese de que a mera demonstração da existência de alguma forma de altruísmo psicológico em chimpanzés (ou em qualquer outra espécie de primatas superiores) demonstra muito pouco a respeito das origens ou a evolução da ética. Fico feliz de jogar no fogo a teoria do revestimento, mas não as ideias de Huxley! No entanto, estamos apenas começando a dar relevância à nossa compreensão da moralidade humana aos muitos insights primatológicos com que Frans de Waal nos brindou.

Com isso, não obstante, nos encontraríamos no início de um processo em que os muitos insights primatológicos de Frans de Waal seriam relevantes para nossa compreensão da moralidade humana.

MORALIDADE, RAZÃO E DIREITOS DOS ANIMAIS

PETER SINGER

Minha resposta às ricas e estimulantes Conferências Tanner de Frans de Waal divide-se em duas partes. A primeira parte e a mais longa avalia algumas questões sobre a natureza da moralidade e, especificamente, a sua crítica do que chama de "moralidade como revestimento". A segunda parte questiona o que ele diz em seu apêndice sobre o status moral dos animais. Nesses dois tópicos, vou ressaltar os pontos dos quais discordo de Frans de Waal, de modo que é necessário dizer aqui que as posições que compartilhamos são mais importantes do que nossas diferenças. Espero que isso se torne evidente no texto a seguir.

CRÍTICA DE FRANS DE WAAL DA MORALIDADE COMO REVESTIMENTO

Em *The Expanding Circle* [O círculo que se expande], publicado em 1981, argumentei que as origens da moralidade devem ser encontradas nos mamíferos sociais não humanos a partir dos quais evoluímos. Rejeitei a visão de que a moralidade seja mais uma questão de cultura do que biológica, ou que a moralidade seja singularmente humana e inteiramente desprovida de raízes em nossa história evolutiva. O desenvolvimento do altruísmo por parentesco e do altruísmo recíproco, sugeri, é muito mais central para a nossa própria moralidade do que admitimos.[1] Frans de Waal partilha essas visões e acrescenta a elas um conjunto muito mais rico de conhecimentos sobre comportamento de primatas do que aquele que eu poderia apresentar. É encorajador contar com o apoio de alguém tão familiarizado com nossos parentes primatas e que afirma, com base em seus conhecimentos, que existe muita continuidade entre o comportamento social dos animais não humanos e os nossos próprios padrões morais.

Frans de Waal critica a teoria do contrato social por entender que já houve uma época em que existiam humanos que não eram seres sociais. Naturalmente, pode-se perguntar se algum dos principais defensores da teoria do contrato social acreditava que estavam propondo uma explicação histórica das origens da moralidade, mas com certeza muitos de seus leitores chegaram a essa conclusão. Também podemos nos perguntar o que se pode aprender das teorias que partem de um postulado historicamente falso – que, se não fosse pelo contrato, seríamos egoístas isolados – mesmo se eles não assumirem que esse tenha sido de fato o caso. Talvez iniciar desse ponto tenha contribuído com o que Frans de Waal designa como saturação da civilização ocidental "com a pressuposição de que somos criaturas associais, até malvadas".

Frans de Waal rejeita corretamente a visão de que toda a nossa moralidade seja "uma camada cultural, um fino revestimento que esconde uma natureza egoísta e brutal". Contudo, como ele não pondera as diferenças que ele próprio reconhece entre o comportamento social dos primatas e a moralidade humana, sua rejeição da teoria do revestimento é muito rápida e ele é rigoroso

---

[1] Peter Singer, *The Expanding Circle*, Oxford: Clarendon Press, 1981.

demais com alguns de seus defensores.

Para compreender exatamente os acertos e os equívocos de Frans de Waal, precisamos distinguir duas afirmações diferentes:

> 1. A natureza humana é inerentemente social e as raízes da moral humana estão nos traços psicológicos e padrões de comportamento evoluídos que partilhamos com outros mamíferos sociais, em especial os primatas.
> 2. Toda a moral humana deriva de nossa natureza evoluída enquanto mamíferos sociais.

Devemos aceitar a primeira afirmação e rejeitar a segunda. Frans de Waal, entretanto, às vezes parece aceitar ambas.

Tomemos a crítica que ele faz a T. H. Huxley, a quem considera o criador da moderna teoria do revestimento, quando escreve: "Curioso o dualismo de Huxley, que confronta moralidade e natureza, assim como humanidade e todos os outros animais". Como comentário inicial, podemos observar que não há nada realmente "curioso" sobre o dualismo que tem sido um refrão padronizado em uma corrente – dominante, pode-se dizer – da ética ocidental, desde que Platão distinguiu diferentes partes da alma e comparou a natureza humana a uma carruagem com dois cavalos que o condutor deve controlar e fazer trabalhar juntos.[2] Kant introduziu o dualismo em sua metafísica, sugerindo que, enquanto nossos desejos – inclusive nossa preocupação empática pelo bem-estar dos outros – deriva de nossa natureza física, nossos conhecimentos da lei universal da moralidade provêm de nossa natureza como seres racionais.[3] É uma distinção que apresenta uma série de problemas, mas, como veremos, resultaria errôneo rejeitá-la de imediato.

---

[2] Platão, *A República*, especialmente Livros 4, 8 e 9; *Fedro*, 246b.

[3] Immanuel Kant, *Groundwork of the Metaphysics of Morals* [*Fundamentação da metafísica dos costumes*], traduzido por Mary Gregor, Cambridge: Cambridge University Press, 1997, sec. III.

Talvez Frans de Waal pense que a posição de Huxley é curiosa porque ele era defensor de Darwin e parece aqui se afastar de uma abordagem verdadeiramente evolutiva sobre a ética. Mas o próprio Darwin escreveu em *A origem do homem*: "O senso moral talvez forneça a melhor e a mais alta distinção entre o homem e os animais inferiores". As diferenças entre Huxley e Darwin são menos nítidas do que sugere Frans de Waal.

A importância de não descartar levianamente o problema que a "teoria do revestimento" procura resolver talvez seja melhor demonstrado pelos próprios comentários de Frans de Waal sobre Edward Westermarck. Com razão, ele elogia Westermarck, cujo trabalho não recebeu até agora suficiente atenção; descreve-o como "o primeiro estudioso a promover uma visão integrada que incluiu tanto seres humanos como animais, e tanto cultura como evolução". Talvez "a parte mais perspicaz do trabalho de Westermarck", na opinião dele, seja aquela em que tenta distinguir as emoções especificamente morais do resto das emoções. Westermarck, ele continua, "demonstra que há mais nessas emoções que meros instintivos não elaborados" e explica que a diferença entre as emoções morais e as "emoções não morais análogas" deve ser encontrada no "desinteresse, imparcialidade aparente e característica de generalidade" presentes nas emoções morais. O próprio Frans de Waal aprofundou esse pensamento na seguinte passagem:

> As emoções morais devem ser desvinculadas da situação imediata do indivíduo: elas lidam com o bem e com o mal em um nível mais abstrato, desinteressado. Apenas quando fazemos julgamentos gerais de como qualquer pessoa deveria ser tratada, é que podemos começar a falar de aprovação e desaprovação moral. É nessa área específica, simbolizada pelo famoso "espectador imparcial" de Smith (1937 [1759]), que os seres humanos parecem chegar radicalmente mais longe que outros primatas.

Entretanto, de onde surge essa preocupação com os julgamentos feitos segundo a perspectiva do espectador imparcial? Parece que não de nossa natureza evoluída. Diz-nos Frans de Waal: "A moralidade provavelmente evoluiu como um fenômeno intragrupal em conjunto com outras competências intragrupais típicas, como resolução dos conflitos, cooperação e compartilhamento". Em consonância com essa ideia, ele observa que, com frequência, não colocamos a perspectiva imparcial em prática:

> De modo geral, os humanos tratam os indivíduos não pertencentes a seu grupo muito pior do que os membros de sua própria comunidade: na realidade, as regras morais dificilmente parecem aplicar-se a quem é de fora. É verdade que, nos tempos modernos, existe um movimento para expandir o círculo da moralidade e incluir até combatentes adversários – por exemplo, a Convenção de Genebra, adotada em 1949 –, mas todos nós sabemos quão frágil é esse esforço.

Considere o que Frans de Waal diz nessas passagens. Por um lado, temos uma natureza evoluída, que partilhamos com outros primatas, que dá origem a uma moralidade baseada no parentesco, reciprocidade e empatia com outros membros de seu próprio grupo. Por outro lado, o melhor modo de capturar o que é distintivo sobre as emoções morais é que elas tenham uma perspectiva imparcial, o que nos leva a considerar os interesses dos membros que não pertencem ao nosso próprio grupo. Desse modo, o aspecto central da nossa concepção atual de moralidade, que, como já vimos, o próprio Frans de Waal afirma é que *apenas* quando fazemos julgamentos gerais, imparciais é que podemos realmente começar a falar de aprovação e desaprovação *morais*.

A ideia dessa moralidade amplamente imparcial não é nova. Frans de Waal cita Adam Smith, mas a ideia de uma moralidade universal remonta pelo menos ao século V a.C., quando o filósofo chinês Mozi, horrorizado pelos danos causados pela guerra, perguntou: "Qual é o caminho do amor universal e benefício mútuo?". E respondeu à sua própria pergunta: "É considerar os países dos outros povos como nosso próprio país".[4] Porém, como ressalta Frans de Waal, a prática dessa moralidade mais imparcial é "frágil". Não estaria esta concepção muito próxima à afirmação de que o elemento imparcial da moralidade é um revestimento aplicado sobre nossa natureza evoluída?

Em *The Expanding Circle*, sugeri que é a nossa capacidade desenvolvida de raciocinar que nos deu a competência de assumir a perspectiva imparcial. Como seres pensantes, podemos abstrair de nosso próprio caso e ver que os outros, fora de nosso grupo, têm interesses semelhantes aos nossos. Também podemos ver que não há nenhuma razão imparcial pela qual os interesses deles não devam contar tanto quanto os interesses dos membros de nosso próprio grupo ou os nossos próprios interesses.

Isso significa que a ideia de moralidade imparcial é contrária à nossa natureza evoluída? Sim se entendermos "nossa natureza evoluída" como a natureza que compartilhamos com outros mamíferos sociais dos quais evoluímos. Não há outros animais não humanos, nem mesmo outros grandes símios, que se aproximem da nossa capacidade de raciocinar. Desse modo, se a capacidade de raciocinar está atrás do elemento imparcial de nossa moralidade, isso é alguma coisa nova na história evolutiva. Por outro lado, nossa capacidade de raciocinar faz parte de nossa natureza e, como cada aspecto dessa natureza, é produto da evolução. O que torna essa capacidade diferente de outros elementos de nossa natureza moral é que as vantagens evolutivas que a razão confere não são especificamente sociais. A capacidade de raciocinar concede vantagens

---

[4] Citado de W.-T. Chan. *A Source Book in Chinese Philosophy*. Princeton, NJ: Princeton University Press, 1963, p. 213.

muito gerais. Ela tem aspectos sociais importantes: nos auxilia a nos comunicar melhor com os outros membros de nossa espécie e, consequentemente, a cooperar em planos mais detalhados. Entretanto, a razão também nos auxilia, como indivíduos, a encontrar água e alimentos e a compreender e evitar ameaças de predadores ou de eventos naturais. Ela nos permite controlar o fogo.

Embora a capacidade de raciocinar nos ajude a sobreviver e procriar, uma vez que a tenhamos desenvolvido, podemos ser levados por ela a lugares que não trazem nenhuma vantagem direta para nós em termos evolutivos. A razão é como uma escada rolante – assim que pisamos nela, não podemos sair, até que tenhamos chegado aonde ela nos leva. A capacidade de contar pode ser útil, mas ela leva, por um processo lógico, a abstrações de matemática avançada que não têm nenhum retorno em termos evolutivos. Talvez isso também seja verdadeiro para a capacidade de assumir a perspectiva do espectador imparcial de Smith.[5]

Segundo esse modo de ver o papel da razão na moralidade, discordo da visão de Frans de Waal acerca das lições que podemos extrair do trabalho inovador de J. D. Greene, que utiliza técnicas de neuroimagem para nos auxiliar a compreender o que acontece com os juízos morais. Frans de Waal escreve:

> Enquanto a teoria do revestimento, com sua ênfase na singularidade humana, prevê que a resolução dos problemas morais se deve a acréscimos evolutivos recentes ao nosso cérebro – como o córtex pré-frontal –, a neuroimagem demonstra que o julgamento moral envolve, na realidade, uma ampla variedade de áreas cerebrais, algumas delas antiquíssimas (Greene e Haidt, 2002). Em resumo, a neurociência parece respaldar a moralidade humana como evolutivamente ancorada na sociabilidade dos mamíferos.

---

[5] Esse parágrafo baseia-se em Peter Singer, *The Expanding Circle*; ver também Colin McGinn "Evolution, Animals, and the Basis of Morality", *Inquiry* 22 (1979), p. 91.

A fim de compreender por que não devemos tirar essa conclusão, precisamos de mais informações sobre o que Greene e seus colaboradores fizeram. Eles utilizaram a neuroimagem para examinar a atividade cerebral de indivíduos quando respondiam a perguntas sobre situações conhecidas na literatura filosófica como "dilema do bonde".[6] No problema clássico do bonde, você está de pé, ao lado dos trilhos, quando vê um bonde, sem ninguém a bordo, vindo em direção a um grupo de cinco pessoas. Todas elas serão mortas se o bonde continuar em seu trajeto. A única coisa que você pode fazer para impedir essas cinco mortes é recorrer a uma alavanca que desvia o bonde para a via lateral, na qual ele matará apenas uma pessoa. Quando se pergunta aos indivíduos o que eles fariam nessas circunstâncias, a maioria responde que desviaria o bonde para a via lateral.

Em uma outra versão do problema, o bonde, como antes, está prestes a matar cinco pessoas. Porém dessa vez você não está perto dos trilhos, mas em uma ponte para pedestres acima da via. Você não pode desviar o bonde. Você considera a ideia de jogar-se da ponte, diante do bonde, sacrificando-se assim para salvar as pessoas que estão em risco, mas você sabe que é leve demais para fazer o bonde parar. Perto de você, entretanto, há uma pessoa desconhecida muito grande. O único modo de você fazer o bonde parar e impedir a morte das cinco pessoas é empurrar essa pessoa da ponte diante do bonde. Se você a empurrar, ela morrerá, mas você terá salvo as outras cinco vidas. Quando se pergunta aos indivíduos o que eles fariam nessa circunstância, a maioria responde que não empurraria a pessoa da ponte.

---

[6] Phillipa Foot parece ter sido a primeira filósofa a discutir esses problemas em seu artigo "The Problem of Abortion and the Doctrine of the Double Effect", *Oxford Review* 5 (1967), p. 5-15; reproduzido em James Rachels (ed.), *Moral Problems: A Collection of Philosophical Essays* (New York: Harper & Row, 1971), p. 28-41. O artigo clássico sobre o tópico, entretanto, é de Judith Jarvis Thomson, "Killing, Letting Die, and the Trolley Problem" *The Monist 59* (1976), p. 204-217.

Greene e seus colaboradores consideram que essas situações divergem pela magnitude do envolvimento: de uma situação "impessoal", como acionar a alavanca, a uma violação "pessoal", como empurrar um desconhecido da ponte. Eles descobriram que, quando os indivíduos estavam decidindo sobre os casos "pessoais", as partes do cérebro associadas à atividade emocional estavam muito mais ativas do que quando tinham que tomar uma decisão nos casos "impessoais". Ainda mais significativo foi a descoberta de que a minoria que chegou à conclusão de que seria correto fazer ações que envolvem uma violação pessoal para minimizar o dano global – por exemplo, os que disseram que seria correto empurrar o desconhecido da ponte – apresentou maior atividade em partes do cérebro associadas à atividade cognitiva e demorou mais tempo para chegar à decisão do que os indivíduos que disseram "não" a essas ações.[7] Em outras palavras, diante da necessidade de agredir fisicamente alguém, nossas emoções são intensamente estimuladas e, para alguns, o fato de essa ser a única maneira de salvar várias vidas é insuficiente para superar essas emoções. Contudo, aqueles que mostram disposição para salvar tantas vidas quanto possível, ainda que isso envolva empurrar outra pessoa para a morte parecem usar a razão para não levar em conta a sua resistência emocional à violação pessoal que implica empurrar outra pessoa.

Isso apoiaria a ideia da "moralidade humana como ancorada evolutivamente na sociabilidade dos mamíferos"? Sim, até certo ponto. As respostas emocionais que levam a maioria das pessoas a dizer que seria errado empurrar um estranho de uma ponte podem ser explicadas nos termos evolutivos que Frans de Waal

---

[7] Joshua Greene e Jonathan Haidt, "How (and Where) Does Moral Judgment Work?" *Trends in Cognitive Sciences* nº 6 (2002), p. 517-523, e comunicações pessoais. Para ser mais específico, os que aceitam a violação pessoal apresentam mais atividade pré-frontal dorsolateral anterior, enquanto os que a rejeitam apresentam mais atividade na área do pré-cúneo.

desenvolve em suas conferências e corrobora com as evidências extraídas de suas observações do comportamento dos primatas. Do mesmo modo, é fácil perceber por que não teríamos desenvolvido respostas semelhantes a alguma coisa como acionar uma alavanca, o que também pode causar a morte ou lesões, mas o faz à distância. Em toda a nossa história evolutiva, fomos capazes de ferir pessoas, empurrando-as violentamente, mas foi apenas há alguns séculos – um período muito breve para fazer diferença em nossa natureza evoluída – que nos tornamos capazes de ferir pessoas por ações, como mover uma alavanca.

Todavia, antes de considerar este exemplo como confirmação da validade do ponto de vista de Frans de Waal, precisamos pensar mais uma vez nos participantes da pesquisa de Greene: depois de refletir, chegaram à conclusão de que, assim como é correto acionar a alavanca para desviar o trem matando uma pessoa, mas salvando a vida de outras cinco, também é correto empurrar uma pessoa da ponte matando uma pessoa para salvar outras cinco. Esse é um juízo que outros mamíferos sociais parecem incapazes de fazer. Contudo, também é um juízo moral. Ele parece provir não da herança evolutiva comum que compartilhamos com outros mamíferos sociais, mas de nossa capacidade para raciocinar. Como estes, temos respostas emocionais automáticas a certos tipos de comportamento, e essas respostas constituem grande parte de nossa moralidade. Ao contrário de outros mamíferos sociais, podemos refletir sobre nossas respostas emocionais e escolher rejeitá-las. Lembre-se da fala de Humphrey Bogart nos momentos finais de *Casablanca*, quando, no papel de Rick Blaine, ele diz à mulher que ama (Ilsa Lund, interpretada por Ingrid Bergman) para pegar o avião e encontrar-se com seu marido: "Não sou bom em agir com nobreza, mas não é preciso muito para ver que os problemas de três pessoas não valem quase nada nesse mundo louco". Talvez não seja preciso muito, mas são necessárias capacidades que nenhum outro mamífero social possui.

Embora eu partilhe da admiração que Frans de Waal sente por David Hume, na atualidade desenvolvi um grande respeito, ainda que relutante, pelo filósofo Immanuel Kant que, com frequência, é visto como o grande oponente de Hume. Kant pensava que a moralidade deve basear-se na razão, não em nossos desejos ou emoções.[8] Sem dúvida ele estava equivocado ao pensar que a moralidade pode basear-se apenas na razão, mas é também equivocado considerar a moralidade unicamente uma questão de respostas emocionais ou instintivas, não revistas por nossa capacidade de raciocínio crítico. Não temos de aceitar como fato as respostas emocionais gravadas em nossa natureza biológica durante milhões de anos de vida em pequenos grupos tribais. Somos capazes de raciocinar e fazer escolhas e podemos rejeitar tais respostas. Talvez o façamos apenas baseados em outras respostas emocionais, mas o processo envolve a razão e a abstração e pode levar-nos, como admite Frans de Waal, a uma moralidade mais imparcial do que a nossa história evolutiva como mamíferos sociais permitiria, na ausência desse processo racional.

Assim como Kant não está tão equivocado como sugere Frans de Waal, também Richard Dawkins tem alguma razão quando – em uma passagem que Frans de Waal parece considerar um exemplo lamentável da teoria do revestimento – escreve: "Só nós na Terra podemos nos rebelar contra a tirania dos replicadores egoístas".[9] Novamente, se temos em conta o argumento de Frans de Waal sobre o aspecto imparcial de ao menos parte da moralidade humana, é difícil entender por que ele faz objeção à frase de Dawkins. O que este último diz não é tão diferente do comentário de Darwin, em *The*

---

[8] Immanuel Kant, *Groundwork of the Metaphysics of Morals* [*Fundamentação da metafísica dos costumes*], traduzido por Mary Gregor, sec. II.

[9] Richard Dawkins, *The Selfish Gene* [*O gene egoísta*], Oxford, Oxford University Press, 1976, p. 215.

Descent of Man [*A Origem do Homem*], que os instintos sociais "com o auxílio das faculdades intelectuais ativas e os efeitos criados pelo hábito naturalmente levam à regra de ouro: 'Trate os outros como você deseja ser tratado' e isso está no fundamento da moralidade".

Logo, a questão não é tanto se aceitamos a teoria do revestimento da moralidade, mas sim quanto da moralidade é revestimento e quanto é estrutura subjacente. Aqueles que afirmam que toda a moralidade é um revestimento sobreposto a uma natureza humana egoísta, basicamente individualista, estão equivocados. Contudo, a moralidade que ultrapassa nosso próprio grupo e exibe um interesse imparcial por todos os seres humanos pode ser considerada como um fino revestimento sobre a natureza que partilhamos com outros mamíferos sociais.

DIREITOS DOS ANIMAIS E CONSIDERAÇÃO IGUALITÁRIA PARA OS ANIMAIS

Em 1993, a defensora dos animais italiana Paola Cavalieri e eu fundamos o Great Ape Project [Projeto dos Grandes Símios], iniciativa internacional que tem por objetivo conseguir que se respeite os direitos dos grandes símios. O projeto foi ao mesmo tempo uma ideia, uma organização e um livro – *The Great Ape Projet: Equality beyond Humanity* [O Projeto dos Grandes Símios: a igualdade além da humanidade] –, o qual inclui ensaios dos seguintes filósofos, cientistas e especialistas em comportamento dos grandes símios: Jane Goodall, Toshisada Nishida, Roger e Deborah Fouts, Lyn White Miles, Francine Patterson, Richard Dawkins, Jared Diamond e Marc Bekoff. O livro começa com uma "Declaração sobre os Grandes Símios" que conta com o apoio de todos os colaboradores. A declaração exige a extensão a todos os grandes símios do que é chamado de "comunidade de iguais", que define como "a comunidade moral dentro da qual aceitamos certos princípios morais ou direitos básicos que governam nossas relações mútuas e que se façam cumprir de acordo com a lei". Entre esses princípios ou leis, reivindicam-se o direito à vida, a proteção da liberdade individual e a proibição da tortura.

Desde o lançamento do Projeto dos Grandes Símios, vários países, incluindo a Grã-Bretanha, Nova Zelândia, Suécia e Áustria, baniram o uso de grandes símios na pesquisa médica. Nos Estados Unidos, ainda que prossiga o uso de chimpanzés em pesquisas, não se considera mais aceitável que os grandes símios sejam mortos quando sua utilidade como animais experimentais cessa. Pelo contrário, presume-se que eles "se aposentem" e passem a viver em santuários, embora, no momento, não existam santuários suficientes para abrigar o número de chimpanzés indesejados, e alguns deles continuem a viver em péssimas condições.

Suponho que meu envolvimento com o Projeto dos Grandes Símios e talvez também minha defesa de longa data da "Liberação dos Animais"[10] tornaram-me alvo da crítica de Frans de Waal aos defensores dos direitos dos animais em seu Apêndice C. Mas de novo é importante ver quanto ele e eu temos em comum. Ele tem um forte senso de realidade da dor animal; rejeita firmemente os que afirmam ser "antropomórfico" atribuir aos animais características como emoção, consciência, compreensão e mesmo política e cultura. Quando esse rico senso das experiências subjetivas de um animal se combina com o apoio aos "esforços para impedir o abuso de animais", como é o caso de Frans de Waal, chegamos muito perto da posição de defesa dos direitos destes. Uma vez que reconheçamos que os animais não humanos têm necessidades emocionais e sociais complexas, começamos a identificar o abuso

---

[10] Peter Singer, *Animal Liberation* [*Libertação animal*], segunda edição, New York: Ecco, 2003 (a primeira edição foi publicada em 1975).

contra os animais em situações em que outros não enxergam nada. Por exemplo, no método padronizado de criar porcas prenhes em fazendas intensivas modernas: sobre piso de alvenaria; ausência de ninho; isoladas em gaiolas de metal, e impossibilitadas de se movimentar livremente, de manipular seu meio, de interagir com outros porcos ou construir um ninho para sua cria antes de parir. Se todos partilhassem as opiniões de Frans de Waal, o movimento em prol dos animais atingiria rapidamente seus objetivos mais importantes.

Depois de concordar que os animais não devem sofrer abuso, Frans de Waal acrescenta: "Continua sendo um grande salto dizer que o único modo de assegurar seu tratamento decente é dar a eles direitos e advogados". Eu preferiria separar as duas questões: se devem ser concedidos direitos aos animais e se eles devem dispor de advogados. Concordo inteiramente com Frans de Waal que as pessoas hoje – e, em particular, os norte-americanos – estão demasiado dispostas a recorrer aos tribunais para atingir seus objetivos. O resultado é um desperdício colossal de tempo e recursos, e observa-se uma tendência a que as instituições pensem sobre o melhor modo de se defender de uma ação judicial. Reconhecer que todos os animais devem ter alguns direitos básicos não requer necessariamente a assistência de um advogado. Poderíamos, por exemplo, legislar para proteger os direitos dos animais e fazer cumprir essas leis de modo adequado. Muitas leis são bem efetivas porque elas estabelecem valores morais a que virtualmente todos estão dispostos a obedecer sem arrastar ninguém ao tribunal. Por exemplo, há alguns anos, a Grã-Bretanha baniu a prática de manter as porcas nas gaiolas descritas acima. Em consequência disso, centenas de milhares de porcas passaram a ter uma vida significativamente melhor. No entanto, ainda não tive notícias de que as porcas bretãs tenham constituído advogados, nem ouvi dizer que alguma autoridade tenha processado fazendeiros por continuar a manter as porcas em gaiolas de metal depois de a proibição ter entrado em vigor.

Frans de Waal faz objeção à ideia dos direitos dos animais porque "conceder direitos aos animais depende inteiramente de nossa boa vontade. Por isso os animais desfrutarão apenas os direitos com os quais possamos lidar. Ninguém ouvirá falar dos direitos dos roedores de tomar posse das nossas casas, ou dos direitos dos estorninhos de atacar cerejeiras, ou ainda dos direitos dos cães de decidir o trajeto do passeio com seu dono. Direitos concedidos seletivamente, na minha opinião, não são direitos de modo algum". Entretanto, a concessão de direitos a pessoas que apresentam grave incapacidade intelectual também depende totalmente da nossa boa vontade. E todos os direitos são concedidos seletivamente. Os bebês não têm direito de votar e as pessoas que, por uma doença mental ou outra anormalidade, têm tendência a apresentar comportamento antissocial violento podem ser privadas de liberdade. Isso não significa que os direitos ao voto ou à liberdade "não sejam direitos em absoluto".

No entanto, não discordo de Frans de Waal de maneira nenhuma quando ele sugere que, em vez de falar dos direitos dos animais, poderíamos falar de nosso dever em relação a eles. No terreno político, as afirmações sobre direitos resultam em slogans maravilhosos, pois eles são compreendidos rapidamente como afirmações de que alguma coisa importante está sendo negada a alguém ou a algum grupo. É nesse sentido que apoio a Declaração sobre os Grandes Símios e a reclamação de direitos que ela contém. No entanto, no papel de filósofo mais do que de ativista, seja o objeto de nosso interesse os seres humanos ou os animais, considero as reclamações sobre esses direitos insatisfatórias. Diferentes pensadores produziram listas variadas de direitos humanos supostamente evidentes, e os argumentos em favor de uma única lista em vez de outra transformam-se depressa em afirmações e contestações. Quando os direitos se chocam, como inevitavelmente ocorre, os debates sobre atribuir a um direito um peso maior que a outro em geral não conduzem a lugar algum. Assim é porque os direitos não são de fato o fundamento de nossas obrigações morais. Eles próprios baseiam-se na preocupação com os interesses de todos os que são afetados por nossas ações – princípio básico a que se pode chegar assumindo a perspectiva do "espectador imparcial" de Smith, ou algum refinamento da ideia de Kant de assegurar que a máxima que orienta nossas ações possa converter-se em lei universal, ou ainda a "regra de ouro" mais antiga.

Assumir essa perspectiva de obrigação, em vez de direitos, ainda exige que digamos que peso daremos aos interesses dos animais. Frans de Waal escreve: "Devemos usar os novos conhecimentos sobre a vida mental dos animais para promover nos seres humanos a ética do cuidar, em que nossos interesses não são os únicos a pesar na balança". Definitivamente devemos fazer pelo menos isso. Mas, reconhecer que os interesses humanos não são "os únicos a pesar na balança" é vago. Frans de Waal também escreve: "Acredito que o nosso primeiro dever moral é com os membros de nossa própria espécie". Isso é menos vago, mas é uma simples asserção. Ele também ressalta que os defensores dos animais aceitam procedimentos médicos desenvolvidos com base em pesquisas com animais, mas esse é, na melhor das hipóteses, um argumento *ad hominem* contra as pessoas que podem não ser bastante fortes moralmente para recusar assistência médica quando precisarem. Na realidade, existem alguns defensores dos direitos dos animais que rejeitam tratamentos médicos desenvolvidos com animais, mas, claro, não são muitos. Da mesma maneira, poder-se-ia muito bem dizer da mesma maneira que devemos rejeitar a ideia da igualdade entre os seres humanos porque ninguém soube de nenhum defensor dessa ideia que tenha passado a viver na penúria para auxiliar pessoas de outros países que estão morrendo de fome. (Novamente existem alguns – Zell Kravinsky chegou muito perto disso.[11]) De fato, a conexão entre a ação ideal e a ação sugerida é mais forte no caso da igualdade entre seres humanos e da doação aos pobres do que no caso dos direitos dos animais e da recusa de tratamento médico desenvolvido com base em pesquisas com animais porque o dinheiro que damos aos pobres realmente salva a vida de algumas pessoas que, em nossa opinião, têm o mesmo valor que nós, ao passo que não é claro como o fato de algumas pessoas recusarem tratamento médico beneficiaria os animais existentes ou futuros.

Por que o fato de animais não humanos não serem membros de nossa espécie deveria justificar darmos menos peso a seus interesses do que damos aos interesses semelhantes de membros da nossa própria espécie? Se afirmamos que o status moral depende do pertencimento à nossa própria espécie, em que a nossa posição difere da posição da maioria das pessoas claramente racistas ou sexistas – pessoas que pensam que ser branco ou homem é ter um status moral superior, sem considerar outras características ou qualidades? Frans de Waal considera que o paralelismo preconizado pelo movimento dos defensores dos animais entre a abolição do abuso dos animais e a abolição da escravatura é "ultrajante" porque, diferente de negros ou mulheres, os animais não humanos nunca poderão se tornar membros plenos de nossa comunidade. Essa diferença, de fato, existe, mas, se os animais não podem se tornar membros plenos de nossa sociedade, os seres humanos com incapacidade intelectual grave também não. Não obstante sua in-

---

[11] Ian Parker, "The Gift", *The New Yorker*, August 5, 2004, p. 54

capacidade, não a consideramos razão para menosprezar sua dor e sofrimento. Do mesmo modo, o fato de os animais não poderem ser membros plenos da nossa sociedade não deveria ser relevante para impedir que se dê igual consideração a seus interesses. Se um animal sente dor, sua dor é tão importante quanto a dor sentida por um ser humano, considerando que a dor dói tanto quanto, durará o mesmo tempo, e não deixará sequelas no ser humano tanto quanto não deixará em animais não humanos. Assim, resta um fundo de verdade no paralelismo entre escravidão humana e escravidão animal. Em ambos os casos, os membros de um grupo mais poderoso apropriam-se indevidamente do direito de usar seres que não pertencem ao grupo para seus próprios propósitos egoístas, em grande parte ignorando os interesses daqueles. Justificam seu uso por uma ideologia que explica por que os membros do grupo mais poderoso têm maior valor e mais direitos, algumas vezes, considerados divinos para dominar os que não são membros de seu grupo.

Embora o princípio da igualdade possa ser aplicado apenas quando animais e seres humanos têm interesses semelhantes – e não é fácil determinar quais interesses são "semelhantes" –, também não é fácil comparar diferentes interesses humanos, especialmente entre culturas diferentes. Isso não é razão para ignorar os interesses de pessoas com culturas distintas da nossa própria. É certo que as competências mentais dos diferentes seres afetam como eles experimentam a dor, como se lembram da dor e se preveem a recorrência da dor; essas diferenças podem ser importantes. Mas concordamos que a dor sentida por um bebê é uma coisa ruim, mesmo que o bebê não tenha mais consciência de si que um porco, por exemplo, e não possua capacidades maiores de memória ou previsão. A dor também pode ser um alarme útil de perigo, de modo que ela não seja afinal de contas sempre ruim. Contudo, a menos que exista algum benefício compensatório, devemos considerar que semelhantes experiências de dor são igualmente ruins, qualquer que seja a espécie do indivíduo que sente a dor.

Ainda de acordo com esse princípio geral de consideração idêntica de interesses, é possível anuir com Frans de Waal que "os símios merecem um status especial" não tanto porque são nossos parentes mais próximos, nem porque sua semelhança conosco pode mobilizar "em nós mais sentimentos de culpa por feri-los do que a outros animais", mas por causa do que sabemos sobre a riqueza de sua vida emocional e social, sua consciência de si e sua compreensão de sua situação. Assim como essas características muitas vezes fazem os humanos sofrer mais que outros animais, elas muitas vezes farão os grandes símios sofrer mais que os camundongos. Naturalmente, nem todas as pesquisas causam sofrimento. Para Frans de Waal, o teste que as pesquisas com grandes símios devem passar é "do tipo de pesquisa que não nos importaríamos de realizar em voluntários humanos". Tais pesquisas satisfariam os critérios de consideração idêntica de interesses.

Ainda assim, existe uma outra razão para dar um status especial aos grandes símios. Graças em parte ao trabalho do próprio Frans de Waal assim como ao de Jane Goodall e outros, sabemos muito mais da vida emocional e mental dos grandes símios do que a de outros animais. Por causa do que sabemos e porque podemos ver tanto de nossa própria natureza neles, os grandes símios podem nos auxiliar a transpor o abismo que milênios de doutrinação judaico-cristã cavaram entre nós e os outros animais. Reconhecer que os grandes símios têm direitos básicos nos auxiliará a ver que as diferenças entre nós e os outros animais são uma questão de grau e que isso pode levar a um tratamento melhor a todos os animais.

Foto: Sheila J. McNeill Ingham

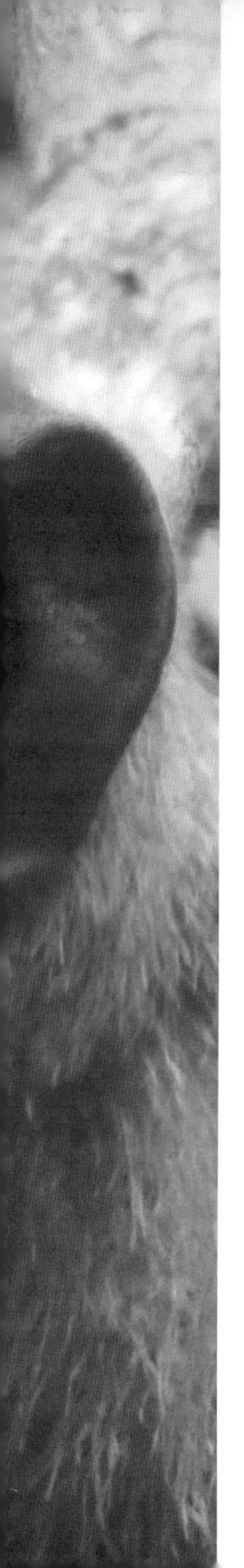

PARTE III
RESPOSTAS AOS COMENTARISTAS

FRANS DE WAAL

A TORRE DA MORALIDADE
FRANS DE WAAL

Enquanto meus respeitados colegas se concentram no que parece faltar em outros primatas, em vez do que está presente, eu ao contrário tenho dado ênfase às características partilhadas. Isso reflete meu desejo de invalidar a ideia de que a moralidade humana está, de algum modo, em discordância com nosso *background* animal ou mesmo com a natureza em geral. Apesar disso, agradeço o apoio geral dado a essa posição e concordo com as repetidas sugestões de também considerar as descontinuidades. Assim, é isso que pretendo fazer nesse momento, começando por apresentar minha definição de moralidade.

Exceto, é claro, que eu nunca falaria de "descontinuidades". A evolução não ocorre em saltos: novos traços são modificações de traços antigos, de modo que as espécies estreitamente relacionadas diferem apenas em grau. Mesmo que a moralidade humana represente um passo significativo, dificilmente ela rompe com o passado.

INCLUSÃO MORAL E LEALDADE

Moralidade é um fenômeno orientado para o grupo que surge em consequência de nossa dependência de um sistema de apoio para a nossa sobrevivência (MacIntyre, 1999). Uma pessoa solitária não tem nenhuma necessidade de moralidade, nem aquela que vive com outras pessoas sem uma relação de dependência mútua. Nessas circunstâncias, cada indivíduo pode seguir seu próprio caminho. Não haveria nenhuma pressão para desenvolver restrições sociais nem tendências morais.

Para promover a cooperação e a harmonia no interior da comunidade, a moralidade impõe limites ao comportamento, especialmente quando há choque de interesses. As regras morais criam um *modus vivendi* entre ricos e pobres, sãos e doentes, idosos e jovens, casados e solteiros e assim por diante. Como a moralidade auxilia as pessoas a conviver e a realizar esforços conjuntos, ela quase sempre coloca o bem comum acima dos interesses individuais. Ela nunca nega a existência destes últimos, mas insiste que tratemos os outros como gostaríamos de ser tratados. Mais especificamente, o domínio moral da ação é ajudar ou (não) ferir os demais (Frans de Waal, 2005). As duas ações estão interconectadas. Se você estiver se afogando e eu deixar de socorrê-lo, estou, na realidade, ferindo-o. A decisão de auxiliar ou não é, no final das contas, uma decisão moral.

Qualquer coisa não relacionada com as duas ações de ajudar ou ferir se situa fora da moralidade. Aqueles que invocam a moralidade em relação ao casamento de pessoas do mesmo sexo, por exemplo, ou à exibição de um seio desnudo em um programa de televisão em horário nobre estão simplesmente tentando revestir as convenções sociais com uma linguagem moral. Como as convenções sociais não são forçosamente ancoradas nas necessidades de outras pessoas ou da comunidade, o dano feito pela transgressão muitas vezes é discutível. As convenções sociais variam muito: o que choca em uma cultura (como arrotar após uma refeição) pode ser recomendado em outra. Limitadas por seu impacto no bem-

-estar dos outros, as regras morais são muito mais constantes do que as convenções sociais. A regra de ouro é universal. As questões morais de nosso tempo – pena de morte, aborto, eutanásia e cuidados prestados aos idosos, enfermos ou pobres – giram, todas elas, ao redor dos temas eternos de vida, morte, recursos e assistência.

Os recursos críticos relacionados com as ações de ajudar ou ferir são os alimentos e os acasalamentos, ambos sujeitos a regras de possessão, divisão e troca. Os alimentos são mais importantes para os primatas fêmeas, especialmente quando estão prenhes ou amamentando (o que acontece a maior parte do tempo), e os acasalamentos são mais importantes para os machos, cuja reprodução depende do número de fêmeas fertilizadas. Isso pode explicar o famoso "padrão duplo" a favor dos homens, quando se trata de infidelidade conjugal. As mulheres, por outro lado, tendem a ser favorecidas nos casos de guarda dos filhos, reflexo da primazia atribuída ao vínculo mãe-filho. Assim, mesmo que nos esforcemos por padrões morais neutros no que se refere ao gênero, os julgamentos na vida real não estão imunes à biologia dos mamíferos. Um sistema moral viável raramente permite que suas regras se afastem dos imperativos biológicos de sobrevivência e reprodução.

Considerando quão bem a orientação para o próprio grupo tem servido à humanidade há milhões de anos e quão bem ainda nos serve, é impossível que um sistema moral possa dar a mesma atenção para toda a vida na Terra. O sistema deve estabelecer prioridades. Como foi observado por Pierre-Joseph Proudhon há um século: "Se todos são meus irmãos, eu não tenho irmãos" (Hardin, 1982). Por um lado, Peter Singer tem razão ao declarar que toda a dor do mundo é igualmente relevante ("Se um animal sente dor, sua dor é tão importante quanto a dor sentida por um ser humano"), mas, por outro lado, essa afirmação colide com a distinção profundamente enraizada entre a orientação para o nosso grupo frente à consideração do que é exterior ao grupo (Berreby, 2005). Os sistemas morais são inerentemente predispostos a favorecer a visão intragrupo.

A moralidade evoluiu para lidar com a nossa própria comunidade em primeiro lugar e apenas recentemente começou a incluir os membros de outros grupos, a humanidade em geral e os animais não humanos. A expansão do círculo, ao mesmo tempo que é aplaudida, é limitada pela disponibilidade de recursos acessíveis, isto é, permite-se que os círculos se expandam em tempo de abundância, mas eles inevitavelmente se retraem quando os recursos se tornam escassos (Figura 9). Isso ocorre porque os círculos seguem os níveis de compromisso. Como já foi dito: "O círculo da moralidade se expande progressivamente apenas se a saúde e a sobrevivência dos círculos mais internos estiverem asseguradas" (Frans de Waal, 1996, p. 213). Como vivemos hoje em circunstân-

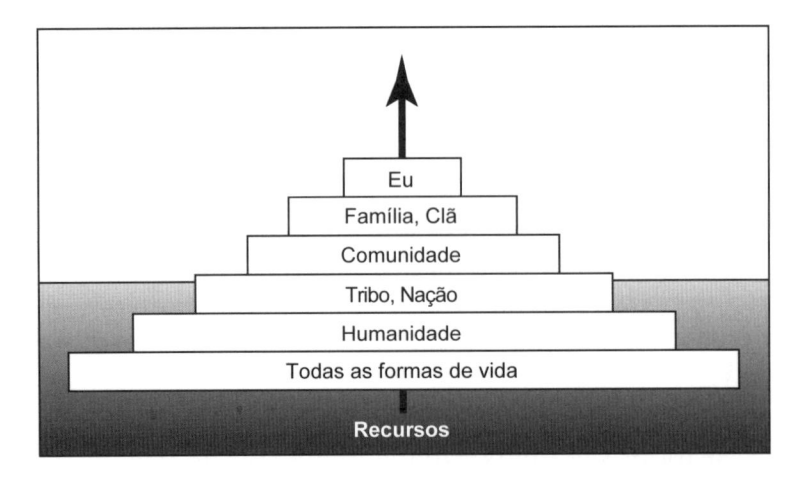

Figura 9. O círculo em expansão da moralidade humana é, na realidade, uma pirâmide flutuante, vista de cima. A lealdade e o dever para com a família imediata, clã ou espécie contrapõem-se à inclusão moral. O altruísmo torna-se mais delgado à medida que nos afastamos do centro. A flutuabilidade da pirâmide (isto é, os recursos disponíveis) determina a magnitude da parte que emergirá da água. Assim sendo, a inclusão moral dos círculos mais externos é limitada pelo compromisso com os círculos mais internos. Extraído de Frans de Waal, 1996.

cias de abundância, podemos (e devemos) nos preocupar com os que estão fora de nosso círculo imediato.[1] Porém, tratar todos os círculos com equidade, isto é, considerar todos os círculos igualmente, colide com as estratégias de sobrevivência provenientes de tempos remotos.

Não se trata apenas de que tenhamos um viés a favor de nossos círculos mais próximos (nós mesmos, nossa família, nossa comunidade, nossa espécie), mas que *devemos* ter. A lealdade é um dever moral. Se eu voltasse para casa de mãos vazias depois de ter passado um dia à procura de alimentos durante um período de escassez, e dissesse aos meus familiares famintos que eu, de fato, conseguira encontrar pão, mas o entreguei a outros, eles ficariam terrivelmente aborrecidos. Isso seria visto como uma falha moral, uma injustiça, não porque os beneficiários do meu comportamento não merecessem sustento, mas por causa do meu dever para com os meus próximos. O contraste torna-se ainda mais gritante durante a guerra, quando a solidariedade com a nossa própria tribo ou nação é compulsória: consideramos a traição moralmente repreensível.

Os defensores dos direitos dos animais, algumas vezes, minimizam essa tensão entre lealdade e inclusão moral, ainda que seu próprio comportamento conte uma história diferente. Quando comentei a respeito daqueles que se opõem à pesquisa médica em animais mas fazem uso dela, minha intenção era deixar claro que existem dois lados nesse debate. Não se pode praticar a lealdade aos círculos mais íntimos silenciosamente (por exemplo, aceitando tratamentos clínicos desenvolvidos em animais para si e para sua família) e ao mesmo tempo negar verbalmente que esses círculos têm precedência sobre outras formas de vida. À luz da dimensão do parentesco, formação de vínculos e pertencimento ao grupo, um

---

[1] Essa visão é consistente com o argumento de Singer (1972) de que o aumento da riqueza implica o aumento das obrigações para com os necessitados.

ser humano incapacitado intelectualmente possui, de fato, maior valor moral que qualquer animal. Essa dimensão da lealdade é do mesmo modo tão real e importante quanto a que considera a sensibilidade à dor ou à autoconsciência. Apenas quando consideramos ambas as dimensões e reconciliamos os conflitos potenciais, é que podemos definir quanto peso moral se deve atribuir a um ser senciente, humano ou animal.

Eu me preocupo com os animais que participam de pesquisa médica e acho angustiante decidir se, por exemplo, devemos dar continuidade às pesquisas sobre hepatite C em chimpanzés ou renunciar a seus benefícios potenciais (comparar Gagneux et al., 2005 com VandeBerg e Zola, 2005). Queremos curar pessoas ou proteger chimpanzés? Inclino-me a proteger os chimpanzés nessa discussão específica, mas, ao mesmo tempo, admito que tomarei qualquer vacina que possa salvar minha vida. O mínimo que posso dizer é que me encontro diante de um dilema. É por essa razão que acho a linguagem dos direitos dos animais, com sua estridência e absolutos, claramente inútil. Ela não acrescenta nada a fim de elucidar os dilemas profundos que enfrentamos. Prefiro sem dúvida uma discussão em termos das *obrigações* humanas para com os animais, em especial com os animais tão desenvolvidos mentalmente quanto os símios, ainda que eu concorde com Singer que, no final, as conclusões a que chegamos podem não ser tão diferentes.

OS TRÊS NÍVEIS DE MORALIDADE

Mesmo que a capacidade moral humana tenha evoluído a partir da vida em grupo dos primatas, isso não deveria ser compreendido como indicativo de que nossos genes prescrevem soluções morais específicas. As regras morais não estão gravadas no genoma. No passado, foram descritos ensaios que tentaram derivar os Dez

Mandamentos das "leis" da biologia (por exemplo, Seton, 1907; Lorenz, 1974), mas essas tentativas inevitavelmente falham. A irônica teoria da macicez, de Philip Kitcher, encontrará poucos defensores nos dias de hoje.

Não nascemos com normas morais específicas na mente, mas com uma capacidade de aprendizagem que nos indica quais informações absorver. Isso nos permite descobrir, compreender e finalmente internalizar o tecido moral de nossa sociedade nativa (Simon, 1990). Uma vez que uma capacidade de aprendizagem semelhante se encontra na base da aquisição da linguagem, reconheço um paralelismo entre o fundamento biológico da moralidade e o da linguagem. Do mesmo modo que uma criança não nasce com o domínio de nenhuma linguagem em particular, mas com a capacidade de aprender *qualquer* linguagem, nascemos com a capacidade de absorver regras morais e de ponderar opções morais, o que constitui um sistema muito flexível que gira ao redor de dois eixos (ajudar e ferir) e das mesmas lealdades básicas em torno das quais sempre girou.

NÍVEL 1: OS COMPONENTES BÁSICOS

A moralidade humana pode ser dividida em três níveis distintos (Tabela 2), dos quais o primeiro nível e meio parece ter paralelismos evidentes com outros primatas. Visto que os níveis superiores não podem existir sem os inferiores, toda a moralidade humana forma um *continuum* com a sociabilidade dos primatas. O primeiro nível, discutido amplamente no meu ensaio introdutório, é o nível dos sentimentos morais, ou dos "componentes básicos" psicológicos da moralidade. Eles incluem a empatia e a reciprocidade, mas também a retribuição, a resolução de conflitos e um senso de justiça, todos documentados em outros primatas.

Tabela 2 – Três níveis de moralidade

NÍVEL	DESCRIÇÃO	COMPARAÇÃO ENTRE HUMANOS E SÍMIOS
1. Sentimentos morais	A psicologia humana fornece os "componentes básicos" da moralidade como capacidade de empatia, tendência à reciprocidade, senso de justiça e habilidade para estabelecer relacionamentos harmônicos.	Em todas essas áreas, existem paralelismos evidentes com outros primatas.
2. Pressão social	Insistência em que todos se comportem de modo a favorecer a vida cooperativa em grupo. Os instrumentos disponíveis para esse propósito são a recompensa, a punição e a construção da reputação.	O interesse pela comunidade e as regras sociais prescritivas existem em outros primatas; mas a pressão social é menos sistemática e ocupa-se menos dos propósitos da sociedade em seu conjunto.
3. Julgamentos e raciocínio	Internalização das necessidades e propósitos dos outros a ponto de isso ser levado em consideração em nosso julgamento do comportamento, incluindo o comportamento dos outros que não nos afeta diretamente. O julgamento moral é autorreflexivo (isto é, também governa nosso próprio comportamento) e com frequência é raciocinado com lógica.	As necessidades e os propósitos dos outros podem ser internalizados até certo ponto, mas aqui cessam as semelhanças.

Ao nomear esses componentes básicos, prefiro empregar uma linguagem partilhada entre seres humanos e símios. A discussão de Robert Wright, da linguagem partilhada, não aborda a principal razão que subjaz à sua utilização, isto é: se duas espécies estreitamente relacionadas agem de modo semelhante, o pressuposto-padrão lógico é que a psicologia subjacente também seja semelhante (Frans de Waal, 1999; apêndice A). Isso se aplica tanto às emoções quanto à cognição, dois domínios frequentemente considerados contraditórios, ainda que seja quase impossível desembaralhá-los (Waller, 1997). O termo "antropomórfico" é infeliz porque ele associa um rótulo reprovador à linguagem compartilhada. Do ponto de vista evolutivo, com efeito não temos outra escolha a não ser usar a linguagem compartilhada a fenômenos comportamentais semelhantes em seres humanos e símios. É provável que eles sejam *homólogos*, isto é, derivados de um ancestral comum. A alternativa é classificar o comportamento semelhante como *análogo*, isto é, derivado de forma independente. Percebo que os cientistas sociais que comparam comportamentos humanos e animais tendem a pressupor a analogia, mas, no que diz respeito a espécies estreitamente relacionadas, essa pressuposição é considerada pelo biólogo como algo completamente incoerente.

De vez em quando somos capazes de desvendar os mecanismos por trás de um comportamento. O caso oferecido por Wright, de reciprocidade baseada em sentimentos de amizade versus cálculos cognitivos, é um bom exemplo. Ao longo dos últimos vinte anos, meus colegas e eu temos coletado dados de uma forma sistemática e conduzido experimentos para iluminar os mecanismos atrás da reciprocidade observada. Esses mecanismos vão do simples ao complexo. Todos os diferentes mecanismos propostos por Wright são, na verdade, demonstrados em outros animais. Próximos aos humanos, os chimpanzés parecem ter a forma cognitiva mais avançada de reciprocidade (Frans de Waal 2005; Frans de Waal e Brosnan, 2006).

NÍVEL 2: PRESSÃO SOCIAL

Enquanto o primeiro nível da moralidade parece bem desenvolvido em nossos parentes próximos, no segundo nível, começamos a encontrar diferenças importantes. Esse nível refere-se à pressão social exercida sobre cada membro da comunidade a fim de contribuir com os objetivos comuns e apoiar e preservar as regras sociais pactuadas. Não é que esse nível esteja completamente ausente em outros primatas. Os chimpanzés parecem preocupar-se com o estado de coisas dentro de seu grupo e parecem seguir regras sociais. Experimentos recentes indicam até conformidade a normas (Whiten et al., 2005). Entretanto, em relação à moralidade, a característica mais importante é o já mencionado *interesse pela comunidade* (Frans de Waal, 1996), refletida no modo como as fêmeas de posição elevada reúnem as partes em conflito após uma briga, restabelecendo a paz. Apresento a seguir a descrição original dessa mediação:

> Especialmente depois de conflitos graves entre dois machos adultos, os dois oponentes algumas vezes foram reconciliados por uma fêmea adulta. A fêmea aproximou-se de um dos machos, beijou-o ou tocou nele ou ainda se apresentou diante dele e, em seguida, caminhou devagar em direção ao outro macho. Se o macho a seguisse, ele o fazia bem atrás dela, a uma distância muito pequena (com frequência, inspecionando os genitais da fêmea), e sem olhar para o outro macho. Em algumas poucas ocasiões, a fêmea virou-se para seu seguidor e, algumas vezes, voltou para o macho que havia ficado para trás a fim de puxá-lo pelo braço, com o intuito de fazê-lo caminhar atrás dela. Quando a fêmea se sentava perto do segundo macho, ambos os machos começavam a praticar a catação nela e sim-

plesmente continuavam a realizá-la depois que ela ia embora. A única diferença era que ao praticar a catação um no outro depois desse momento, arquejavam, balbuciavam, se beijavam e batiam palmas mais vezes e mais alto do que antes da partida da fêmea. (Frans de Waal e von Roosmalen 1979, p. 62)

Esse comportamento de mediação tem sido observado repetidas vezes por minha equipe em vários grupos de chimpanzés. Ele permite que os machos rivais se aproximem, sem tomar a iniciativa, sem estabelecer contato visual e talvez sem perder o prestígio. Porém, mais importante, é o fato de um terceiro chimpanzé fêmea intervir para melhorar as relações em que ela própria não está envolvida diretamente.

As tarefas de policiamento exercidas pelos machos de posição elevada implicam o mesmo tipo de preocupação com a comunidade. Esses machos separam lutas e brigas entre outros membros, algumas vezes recorrem a ficar em pé entre eles, até que o conflito acalme. A imparcialidade dos chimpanzés machos nesse papel é verdadeiramente notável, como se eles se colocassem acima dos competidores. O efeito pacificador desse comportamento foi documentado em chimpanzés em cativeiro (Frans de Waal, 1984) e em chimpanzés selvagens (Boehm, 1994).[2]

Um estudo recente do policiamento em macacos do gênero *Macaca* demonstrou que todo o grupo se beneficia. Na ausência temporária dos encarregados habituais do policiamento, os membros remanescentes do grupo veem suas redes de afiliação deteriorar e

---

[2] Meus livros de divulgação nem sempre apresentam os dados precisos em que se baseiam as conclusões. Por exemplo, a afirmação de que os machos de posição elevada controlam conflitos intragrupais de modo imparcial baseia-se em 4.834 intervenções que analisei (Frans de Waal, 1984). O macho Luit demonstrou falta de correlação entre suas preferências sociais (medidas por associação e catação) e intervenções no conflito manifesto. Apenas Luit apresentou essa dissociação: as intervenções por parte dos outros membros penderam para os amigos e familiares. Minha observação sobre Luit, de que "não há espaço nesse controle para empatia e antipatia" (Frans de Waal, 1998 [1982], p. 190), resume assim aspectos bem quantificados de seu comportamento.

as oportunidades de troca recíproca minguar. Não é exagero dizer, portanto, que, nos grupos de primatas, uns poucos jogadores-chaves podem exercer uma influência extraordinária. O grupo em seu conjunto beneficia-se de seu comportamento, que estimula a coesão social e a cooperação. Como e por que o comportamento de controle evoluiu é uma questão distinta, mas seu importante efeito na dinâmica do grupo é inegável (Flack et al., 2005; 2006).

A ideia de que os indivíduos possam fazer diferença no grupo foi levada muito adiante em nossa própria espécie. Ativamente insistimos em que cada indivíduo tente fazer a diferença para melhor. Elogiamos as ações que contribuem com o bem maior e desaprovamos as ações que prejudicam a construção social. Aprovamos e desaprovamos, mesmo se nossos interesses imediatos não estiverem em jogo. Vou desaprovar o indivíduo A que está roubando o indivíduo B, não apenas se eu for B ou parente de B, mas também se eu não tiver nada a ver com A nem com B, unicamente por pertencermos todos à mesma comunidade. Minha desaprovação reflete a preocupação com o que aconteceria se todos começassem a agir como A: o roubo desenfreado não serve a meu interesse a longo prazo. Essa preocupação com a qualidade de vida em uma comunidade um tanto abstrata, contudo ainda egocêntrica, é o que sustenta a perspectiva "imparcial" e "desinteressada" ressaltada por Philip Kitcher e Peter Singer, que está na raiz de nossa distinção entre o certo e o errado.

Os chimpanzés distinguem o comportamento aceitável do inaceitável, mas sempre em relação às consequências imediatas, especialmente para si. Assim, os símios e outros animais muito sociais parecem capazes de desenvolver regras sociais consagradas (Frans de Waal, 1996; Flack et al., 2004), das quais ofereço apenas um exemplo:

Em uma noite agradável no zoológico de Arnhem, quando o tratador chamou os chimpanzés para entrar no recinto, duas fêmeas adolescentes recusaram-se a fazê-lo. O tempo estava maravilhoso. Elas tinham a ilha inteira para si e adoravam a situação. A regra no zoológico era que nenhum símio poderia receber alimento até que todos tivessem entrado no recinto. As adolescentes teimosas causaram uma irritação intensa nos outros animais. Quando finalmente entraram, várias horas mais tarde, elas foram colocadas em um quarto separado pelo tratador para evitar represálias. No entanto, isso as protegeu apenas por um tempo. Na manhã seguinte, já na ilha, toda a colônia descarregou sua frustração decorrente do atraso da refeição. Perseguiram as culpadas em massa e terminaram por surrá-las. Nessa noite, elas foram as primeiras a entrar no recinto (adaptado de Frans de Waal, 1996, p. 89).

Por mais impressionante que pareça esse reforço de regras, nesse aspecto nossa espécie vai consideravelmente mais longe que qualquer outra. Desde muito pequenos e durante toda a vida, estamos sujeitos a julgamentos sobre o que é certo e o que é errado, o que se torna uma parte tão importante de como vemos o mundo que todos os comportamentos exibidos e todos os comportamentos vivenciados passam por esse filtro. Colocamos muita pressão social em todos para assegurar que o comportamento esteja de acordo com as expectativas.[3]

---

[3] Nossos experimentos sobre inversão de desigualdade envolveram as expectativas referentes à divisão da recompensa (Brosnan e Frans de Waal, 2003; Brosnan et al., 2005). Em resposta a Philip Kitcher, deve-se observar que não está claro que a aversão à desigualdade tenha muito a ver com o altruísmo. Outro pilar da moralidade humana, tão importante quanto a empatia e o altruísmo, é constituído pela reciprocidade e pela distribuição dos recursos. As reações dos primatas diante de recompensas desiguais enquadram-se nesse domínio e demonstram que eles observam o que ganham em relação aos outros. A cooperação não é sustentável sem uma distribuição de recompensas razoavelmente igual (Fehr e Schmidt, 1999). Os macacos e os símios reagem negativamente ao receber menos que o outro, o que de fato é diferente de reagir negativamente ao recebimento de mais, mas as duas reações podem estar relacionadas se a segunda refletir a previsão da primeira (isto é, se os indivíduos evitam receber mais para prevenir a ocorrência de reações negativas a esse comportamento nos demais). Para uma discussão sobre como essas duas formas de aversão à desigualdade podem relacionar-se com o senso humano de justiça, ver Frans de Waal, 2005, p. 209-211.

Construímos assim reputações aos olhos dos outros, que podem nos recompensar por meio da chamada "reciprocidade indireta" (Trivers, 1971; Alexander, 1987).

Os sistemas morais impõem assim uma miríade de limitações. Em geral, o comportamento que promove a vida em grupo mutuamente satisfatória é considerado "correto", em contraste com o comportamento que a prejudica, considerado "errado". Em consonância com os imperativos biológicos da sobrevivência e reprodução, a moralidade fortalece uma sociedade cooperativa da qual todos se beneficiam e com a qual a maioria se encontra preparada para contribuir. Nesse sentido, Rawls (1972) é preciso: a moralidade funciona como um contrato social.

NÍVEL 3: JULGAMENTO E RACIOCÍNIO

O terceiro nível da moralidade vai ainda mais longe e, nesse ponto, as comparações com outros animais se tornam raras de fato. Talvez isso reflita apenas o estado atual do conhecimento, mas não conheço nenhum paralelismo do raciocínio moral em animais. Nós, humanos, seguimos uma bússola interna, julgando-nos (e aos demais) segundo a avaliação das intenções e crenças que subjazem às nossas próprias ações (e às dos demais). Também procuramos a lógica, como na discussão acima, em que a inclusão moral baseada na sensibilidade entra em conflito com os deveres morais baseados em lealdades antigas. O desejo de uma estrutura moral internamente consistente é singularmente humano. Somos os únicos que nos preocupamos com as razões pelas quais pensamos o que pensamos. Podemos, por exemplo, nos perguntar como reconciliar nossa posição em relação ao aborto com nossa posição em relação à pena de morte, ou em que circunstâncias roubar pode ser justificável. Tudo isso é muito mais abstrato do que o nível comportamental concreto em que o restante dos animais parece operar.

Isso não quer dizer que o raciocínio moral seja totalmente desvinculado das tendências sociais dos primatas. Suponho que nossa bússola interna seja moldada pelo meio social. Todo dia observamos reações positivas ou negativas ao nosso comportamento e, a partir dessa experiência, deduzimos os objetivos dos outros e as necessidades de nossa comunidade. Adotamos esses objetivos e necessidades como nossos, processo conhecido como *internalização*. Portanto, as normas morais e os valores não são discutidos segundo máximas derivadas de forma independente, mas nascem da internalização das interações com os outros. Um ser humano que cresça isolado nunca chegará a desenvolver o raciocínio moral. Esse indivíduo, como "Kaspar Hauser", seria privado da experiência de ser sensível aos interesses dos outros e, por essa razão, não teria a capacidade de olhar para o mundo de nenhuma outra perspectiva que não a sua própria. Concordo assim com Darwin e Smith (ver o comentário de Christine Korsgaard) que a interação social deve estar na raiz do raciocínio moral.

Considero esse nível de moralidade, com seu desejo de consistência e "desinteresse" e sua avaliação cuidadosa do que um indivíduo fez em relação ao que ele poderia ou deveria ter feito, singularmente humano. Ainda que nunca transcenda completamente os motivos sociais dos primatas (Waller, 1997), nosso diálogo interior eleva o comportamento moral a um nível de abstração e autorreflexão nunca visto antes de a nossa espécie entrar na cena evolucionária.

O GOLPE FINAL

É bom ouvir que minha abordagem de "marretar" a teoria do revestimento se resume a uma perda de tempo (Philip Kitcher) e que a teoria do revestimento é inconsistente para início de conversa (Christine Korskgaard). O único a navegar nessas águas, Robert Wright, hoje nega totalmente tê-lo feito, enquanto Peter Singer defende a teoria do revestimento porque certos aspectos da moralidade humana, como nossa capacidade para adotar uma perspectiva imparcial, parecem ser uma camada sobreposta, por isso, um tipo de revestimento.

No último caso, trata-se de um tipo diferente de revestimento. Singer faz alusão à proeminência da camada 3 (julgamento e raciocínio) no esquema maior da moralidade humana, mas duvido que ele preconize desvincular essa camada das outras duas. Entretanto, foi exatamente isso que a teoria do revestimento tentou fazer ao negar completamente a camada 1 (sentimentos morais) e salientar a camada 2 (pressão social) em detrimento de qualquer outra coisa. A teoria do revestimento apresenta o comportamento moral como nada mais que um modo de impressionar os outros e construir reputações favoráveis. Daí provêm a equação de Ghiselin (1974), de um altruísta com um hipócrita, e o comentário de Wright (1994, p. 344), de que "para sermos animais morais, devemos nos dar conta de até que ponto não o somos". Nas palavras de Korsgaard, a teoria do revestimento retrata o primata humano como "uma criatura que vive em um estado de profunda solidão interior e essencialmente considera-se como a única pessoa em um mundo de coisas úteis em potencial – embora algumas dessas coisas tenham vida mental e emocional e possam falar ou revidar".

A teoria do revestimento ocupa um universo quase autorreferente. Basta examinar os índices de seus livros para se dar conta de que seus defensores raras vezes mencionam, se é que mencionam alguma vez, a empatia ou as emoções dirigidas a terceiros em geral. Ainda que a empatia possa ser negligenciada em decorrência de preocupações mais prementes,[4] razão pela qual a empatia universal resulta em uma proposta tão frágil, sua própria existência já bastaria para que parassem de nos descrever como pessoas que vivem apenas para si. A tendência humana de estremecer involuntariamente ao ver alguém sofrendo de dor contradiz profundamente a noção que a teoria do revestimento tem do ser humano como obcecado por si. Todas as indicações científicas mostram que somos programados mentalmente para estar harmonizados com os objetivos e os sentimentos dos outros, o que, por sua vez, nos põe em condições de levar esses objetivos e sentimentos em consideração.

Huxley e seus seguidores tentaram quebrar o vínculo entre a moralidade e a evolução, posição que atribuo ao foco excessivo na seleção natural. O erro é pensar que um processo hostil só pode produzir resultados desagradáveis ou, como Joyce (2006, p. 17) disse recentemente: "O grande erro é confundir a causa de um estado mental com seu conteúdo". Ausentes as inclinações morais naturais, a única esperança que a teoria do revestimento oferece à humanidade é a noção semirreligiosa de perfectibilidade: com grande esforço, podemos ser capazes de nos elevar sem auxílio de ninguém.[5]

Seria mesmo a teoria do revestimento tão facilmente contrariada para ser levada a sério, como argumenta Philip Kitcher?

---

[4] Quando se oferece a escolha entre uma ação que beneficia apenas a si e uma ação que beneficia a si e a um companheiro, os chimpanzés parecem não fazer nenhuma distinção. Nessas circunstâncias, eles beneficiam apenas a si (Silk et al., 2005). Os autores deram a seu estudo o título "Os chimpanzés são indiferentes ao bem-estar dos membros de grupos não aparentados", ainda que tudo o que eles demonstraram tenha sido que é possível criar uma situação em que os chimpanzés consideram o bem-estar dos demais como algo secundário. Tenho certeza de que podemos fazer o mesmo com as pessoas. Quando centenas de pessoas correm para uma loja que pôs à venda um item difícil de encontrar, como um brinquedo muito popular na época de Natal, elas certamente exibirão pouca consideração pelo bem-estar dos demais. Entretanto, não se concluiria, com base nisso, que elas são incapazes dessa consideração.

[5] A ideia de uma rebelião contra motivos de base ou mesmo contra nossos próprios genes (Dawkins, 1976) é uma versão secular da antiga noção cristã da negação da carne. Gray (2002) discute como as posições religiosas entraram de modo furtivo e inconsciente no discurso liberal e científico.

Lembrem que ela dominou a literatura evolucionista durante três décadas e ainda persiste. Durante esse período, qualquer um que pensasse diferente era rotulado de "ingênuo", "romântico", "de coração mole" ou pior. Porém, ficarei mais do que feliz por deixar a teoria do revestimento descansar em paz. Talvez essa discussão venha a ser o golpe final. Precisamos passar com urgência de uma ciência que ressalta de forma tão estreita as motivações egoístas para uma ciência que conceitue o eu como imerso no seu meio social e definido por ele. Esse desenvolvimento encontra-se em curso tanto na neurociência como na economia. Na neurociência, cada vez mais, os estudos têm partilhado representações entre o eu e o outro (por exemplo, Decety e Chaminade, 2003). A economia, em contrapartida, começou a questionar o mito do ator humano egoísta (por exemplo, Gintis et al., 2005).

AS FACES DO ALTRUÍSMO

Finalmente, algumas palavras sobre motivos egoístas versus altruístas. Isso parece uma distinção simples, mas é dificultada pelo modo peculiar com que os biólogos empregam esses termos. Em primeiro lugar, "egoísta", com frequência, é usado para designar alguém que é utilitarista ou que olha apenas para seus próprios interesses. A rigor, esse uso é incorreto, visto que os animais apresentam vários comportamentos de autointeresse sem os motivos e as intenções que fazem parte do significado conotativo da palavra "egoísta". Por exemplo, dizer que as aranhas constroem suas teias por razões egoístas é presumir que uma aranha, enquanto tece sua teia, está consciente de que vai capturar moscas. Mais do que isso, os insetos são incapazes dessas previsões. Tudo o que podemos dizer é que as aranhas servem a seus próprios interesses ao construir teias.

Do mesmo modo, o termo "altruísmo" é definido em biologia

como um comportamento custoso para o agente e benéfico para o beneficiário, a despeito das intenções ou motivos. Uma abelha que me pica, quando eu me aproximo muito de sua colmeia, está agindo de modo altruísta, visto que a abelha morrerá (custo), ao proteger sua colmeia (benefício). No entanto, é improvável que a abelha se sacrifique deliberadamente pela colmeia. O estado motivacional da abelha é hostil e não altruísta.

Assim, precisamos distinguir o egoísmo e o altruísmo intencionais dos equivalentes funcionais simples desses comportamentos. Os biólogos usam os dois quase que um pelo outro, mas Philip Kitcher e Christine Korsgaard têm razão ao salientar a importância de conhecer os motivos que estão por trás do comportamento. Os animais auxiliam-se intencionalmente? E os seres humanos?

Acrescento a esta uma segunda questão mesmo que a maioria assuma cegamente uma resposta afirmativa. Temos uma multidão de comportamentos para os quais desenvolvemos uma justificativa a *posteriori*. É inteiramente possível, na minha opinião, que estendamos a mão e entremos em contato com um parente que esteja sofrendo ou levantemos uma pessoa idosa que tenha caído na rua antes de perceber completamente as consequências das nossas ações. Somos excelentes em dar explicações *post hoc* sobre nossos impulsos altruístas. Dizemos coisas como "senti que deveria fazer alguma coisa", enquanto, na realidade, nosso comportamento foi automático e intuitivo e seguiu um padrão humano comum em que o afeto precede a cognição (Zajonc, 1980). Do mesmo modo, argumenta-se que grande parte de nosso processo de tomada de decisão moral é muito rápido para ser mediado pela cognição e autorreflexão, frequentemente conjecturadas pelos filósofos da moral (Greene, 2005; Kahneman e Sunstein, 2005).

Assim, podemos ser menos intencionalmente altruístas do que gostaríamos de pensar. Embora sejamos capazes de agir com altruísmo intencional, devemos estar abertos para a possibilidade de que, em grande parte do tempo, chegamos a esse comportamento em decorrência de processos psicológicos rápidos semelhantes aos que ocorrem com um chimpanzé quando estende a mão para confortar outro, ou compartilha seu alimento. Nossa alardeada racionalidade é em parte ilusória.

Ao contrário, quando consideramos o altruísmo de outros primatas, precisamos ser claros sobre o que é provável que eles saibam no que se refere às consequências de seu comportamento. Por exemplo, o fato de favorecerem de modo habitual parentes e indivíduos que manifestaram reciprocidade dificilmente é um argumento contra a existência de motivações altruístas. Esse argumento só se sustentaria se os primatas considerassem conscientemente as recompensas benéficas de seu comportamento, todavia, mais do que isso, eles as desconhecem. Eles podem avaliar as relações, de vez em quando, no tocante aos benefícios mútuos, mas acreditar que um chimpanzé auxilia o outro com o propósito explícito de obter auxílio no futuro como recompensa é supor uma capacidade de planejamento para a qual existem poucas evidências. E, se a recompensa futura não figura na sua lista de motivações, seu altruísmo é tão genuíno quanto o nosso (Tabela 3).

Se considerarmos os níveis de comportamento evolucionários e os motivacionais separados (conhecidos em biologia como "causas últimas" e "causas próximas" respectivamente), é óbvio que os animais demonstram altruísmo no nível motivacional. É mais difícil determinar se eles também o fazem no nível intencional, visto que isso exigiria que eles soubessem como seu comportamento afeta o outro. Nesse ponto, concordo com Philip Kitcher, que as provas são limitadas, se não completamente ausentes, em mamíferos não humanos de cérebro grande, como símios, golfinhos e elefantes, para os quais se dispõe de relatos do que chamo "auxílio dirigido".

Tabela 3 – Taxonomia do
comportamento altruísta

Funcionalmente altruísta	Auxílio motivado socialmente	Auxílio dirigido, intencional	Auxílio "egoísta"
Custoso para o agente, benéfico para o beneficiário	Resposta empática ao sofrimento ou à súplica	Consciência de como o outro se beneficiará	Busca receber benefícios de volta intencionalmente

A maioria dos animais
◄──────►

Muitos animais sociais
◄──────────────►

Seres humanos, alguns animais com cérebro grande
◄──────────────────────────────►

　　　　　　　　　　　　Seres humanos, alguns animais com cérebro grande
　　　　　　　　　　　　◄──────────────────────────►

Nota: O comportamento altruísta pode ser classificado em quatro categorias, conforme os seguintes parâmetros: se é ou não motivado socialmente e se o agente pretende ou não beneficiar o outro ou a si. A maior parte do altruísmo no reino animal é apenas funcionalmente altruísta, visto que ocorre sem uma avaliação de como o comportamento afetará o outro e sem previsão de se o outro retribuirá o serviço. Algumas vezes, os mamíferos sociais auxiliam os demais em resposta ao sofrimento ou à súplica (auxílio motivado socialmente). O auxílio intencional pode ser limitado a seres humanos, símios e alguns outros animais com cérebro grande. O auxílio motivado puramente por benefícios esperados como recompensa pode ser ainda mais raro.

Nas primeiras sociedades humanas, deve ter havido condições ótimas de reprodução para a sobrevivência dos indivíduos mais amáveis da espécie que teriam como objeto de sua amabilidade a família, e dos potencialmente aptos para a reciprocidade. Uma vez que essa sensibilidade tenha começado a existir, seu alcance foi ampliado. Em algum ponto, a empatia para com os demais tornou-se um objetivo em si – o destaque da moralidade humana e um aspecto essencial da religião. É bom perceber, no entanto, que, ao ressaltar a bondade, nossos sistemas morais estão reforçando o que já faz parte de nossa herança. Eles não estão mudando o comportamento humano, apenas sublinhando capacidades preexistentes.

CONCLUSÃO

A moralidade humana expande-se a partir de tendências preexistentes. Esse é naturalmente o tema central deste livro. O debate com meus colegas me fez pensar na recomendação de Wilson (1975, p. 562) feita há três décadas: "Chegou a hora de a ética ser retirada temporariamente das mãos dos filósofos e adentrar o território da biologia". Parece que, no momento, estamos no meio desse processo, sem colocar os filósofos de lado, mas incluindo-os, de modo que a base evolutiva da moralidade humana possa ser iluminada de vários ângulos disciplinares.

Negligenciar o terreno comum com outros primatas e negar as raízes evolutivas da moralidade humana seria como chegar ao topo de uma torre para declarar que o restante da construção é irrelevante, que o conceito precioso de "torre" deveria ser reservado a seu topo. Embora nos leve a bons combates acadêmicos, a semântica é, em geral, uma perda de tempo. Os animais são morais? Deixe-nos concluir simplesmente dizendo que eles ocupam vários andares da torre da moralidade. A rejeição dessa modesta proposta pode apenas resultar em uma visão empobrecida da estrutura como um todo.

REFERÊNCIAS BIBLIOGRÁFICAS

Adolphs, R., L. Cahill, R. Schul, e R. Babinsky. 1997. Impaired declarative memory for emotional material following bilateral amygdala damage in humans. *Learning & Memory*, 4, p. 291-300.

Adolphs, R., H. Damasio, D. Tranel, G. Cooper, e A. R. Damasio. 2000. A role for somatosensory cortices in the visual recognition of emotion as revealed by three-dimensional lesion mapping. *Journal of Neuroscience* 20, p. 2683-2690.

Adolphs, R., D. Tranel, H. Damasio, e A. R. Damasio. 1994. Impaired recognition of emotion in facial expressions following bilateral damage to human amygdala. *Nature* 372, p. 669-672.

Alexander, R. A. 1987. *The Biology of Moral Systems*. New York: Aldine de Gruyter.

Arnhart, L. 1998. *Darwinian Natural Right: The Biological Ethics of Human Nature*. Albany, NY: SUNY Press.

_____. 1999. E. O. Wilson has more in common with Thomas Aquina than he realizes. *Christianity Today International* 5 (6), p. 36.

Aureli, F., M. Cords, e C. P. van Schaik. 2002. Conflict resolution following aggression in gregarious animals: A predictive framework. *Animal Behaviour* 64, p. 325-343.

Aureli, F., R. Cozzolino, C. Cordischi, e S. Scucchi. 1992. Kin-oriented redirection among Japanese macaques: An expression of a revenge system? *Animal Behaviour* 44, p. 283-291.

Aureli, F. e F. B. M. de Waal. 2000. *Natural Conflict Resolution*. Berkeley: University of California Press.

Axelrod, R. e W. D. Hamilton. 1981. The evolution of cooperation. *Science* 211, p. 1390-1396. [*A evolução da cooperação*. São Paulo: Leopardo Editora, 2010.]

Badcock, C. R. 1986. *The Problem of Altruism: Freudian-Darwinian Solutions*. Oxford: Blackwell.

Bargh, J. A., e T. L. Chartrand. 1999. The Unbearable Automaticity of Being. *American Psychologist* 54, p. 462-479.

Baron-Cohen, S. 2000. Theory of Mind and autism: A fifteen year review. In *Understanding Other Minds*, ed. S. Baron-Cohen, H. Tager-Flusberg, e D. J. Cohen, p. 3-20. Oxford: Oxford University Press.

_____. 2003. *The Essential Difference*. New York: BasicBooks. [*Diferença essencial*. São Paulo: Objetiva, 2004.]

_____. 2004. Sex differences in social development: Lessons from autism. In *Social and Moral Development: Emerging Evidence on the Toddler Years*, ed. L. A. Leavitt e D. M. D. Hall, p. 125-141. Johnson & Johnson Pediatric Institute.

Batson, C. D. 1990. How social an animal? The human capacity for caring. *American Psychologist* 45, p. 336-346.

Batson, C. D., J. Fuktz, e P. A. Schoenrade. 1987. Distress and empathy: Two qualitatively distinct vicarious emotions with motivational consequences. *Journal of Personality* 55, p. 19-39.

Berreby, D. 2005. *Us and Them: Understanding Your Tribal Mind*. New York: Little Brown.

Bischof-Köhler, D. 1988. Über den Zusammenhang von Empathie und der Fähigkeit sich im Spiegel zu erkennen. *Schweizerische Zeitschrift für Psychologie* 47, p. 147-159.

Boehm, C. 1994, Pacifying interventions at Arnhem Zoo and Gombe. In *Chimpanzee Cultures*, ed. R. W. Wrangham, W. C. McGrew, F. B. M. de Waal, e P. G. Heltne, p. 211-226. Cambridge, MA: Harvard University Press.

_____. 1999. *Hierarchy in the Forest: The Evolution of Egalitarian Behavior*. Cambridge, MA: Harvard University Press.

Bonnie, K. E. e F. B. M. de Waal. 2004. Primate social reciprocity and the origin of gratitude. In *The Psychology of Gratitude*, ed. R. A. Emmons e M. E. McCullough, p. 231-229. Oxford: Oxford University Press.

Bowlby, J. 1958. The nature of child's tie to his mother. *International Journal of Psycho-Analysis* 39, p. 350-373.

Bräuer, J., Call, J., e Tomasello, M. 2005. All great ape species follow gaze to distant locations and around barriers. *Journal of Comparative Psychology* 119, p. 145-154.

Brosnan, S. F. e F. B. M. de Waal. 2003. Monkeys reject unequal pay. *Nature* 425, p. 297-299.

Brosnan, S. F., H. Schiff, e F. B. M. de Waal, 2005. Tolerance for inequity increases with social closeness in chimpanzees. *Proceedings of the Royal Society B* 272, p. 253-258.

Burghardt, G. M. 1985. Animal awareness: Current perceptions and historical perspective. *American Psychologist* 40, p. 905-919.

Byrne, R. W. e A. Whiten. 1988. *Machiavellian Intelligence: Social Expertise and the Evolution of Intellect in Monkeys, Apes, and Humans*. Oxford: Oxford University Press.

Caldwell, M. C. e D. K. Caldwell. 1966, Epimeletic (Care-giving) behavior in cetacea. In *Whales, Dolphins, and Porpoises*, ed. K. S. Norris, p. 755-789. Berkeley: University of California Press.

Carr, L., M. Iacoboni, M.-C. Dubeau, J. C. Mazziotta, e G. L. Lenzi. 2003. Neural mechanisms of empathy in humans: A relay from neural systems for imitation to limbic areas. *Proceedings of the National Academy of Sciences* 100, p. 5497-5502.

Cenami Spada, E. 1997. Amorphism, mechanomorphism, and anthropomorphism. *Anthropomorphism, Anedoctes, and Animals*, ed. R. Mitchell, N. Thompson, e L. Miles, p. 37-49. Albany, NY: SUNY Press.

Cheney, D. L. e R. M. Seyfarth. 1990. *How Monkeys See the World: Inside the Mind of Another Species*. Chicago: University of Chicago Press.

Church, R. M. 1959. Emotional reactions of rats to the pain of others. *Journal of Comparative and Physiological Psychology* 52, p. 132-134.

Cohen, S., W. J. Doyle, D. P. Skoner, B. S. Rabin, e J. M. Gwaltney. 1997. Social ties and susceptibility to the Common Cold. *Journal of the American Medical Association* 277, p. 1940-1944.

Connor, R. C. e K. S. Norris. 1982. Are dolphins reciprocal altruists? *American Naturalist* 119, p. 358-372.

Damásio, A. 1994. *Descartes' Error: Emotion, Reason, and the Human Brain*. New York: Putnam. [*O erro de Descartes: emoção, razão e o cérebro humano*. São Paulo: Companhia das Letras, 1996.]

Darwin, C. 1982 [1871]. *The Descent of Man, and Selection in Relation to Sex*. Princeton: Princeton University Press. [*A Origem do Homem e Seleção Sexual*. Belo Horizonte: Itatiaia. 2004.]

Dawkins, R. 1976. *The Selfish Gene*. Oxford: Oxford University Press. [*O gene egoísta*. São Paulo: Companhia das Letras, 2007.]

_____. 1996. [Sem título.] *Times Literary Supplement*. November 29, p. 13.

_____. 2003. *A Devil's Chaplain: Reflections on Hope, Lies, Science, and Love*. New York: Houghton Mifflin. [*O capelão do diabo*. São Paulo: Companhia das Letras, 2005.]

de Gelder, B., J. Snyder, D. Greve, G. Gerard, e N. Hadjikhni. 2004. Fear fosters flight: A mechanism for fear contagion when perceiving emotion expressed by a whole body. *Proceedings from the National Academy of Sciences* 101, p. 16701-16706.

de Waal, F.B.M. 1984. Sex-differences in the formation of coalitions among chimpanzees. *Ethology & Sociobiology* 5, p. 239-255.

_____. 1989a. Food sharing and reciprocal obligations among chimpanzees. *Journal of Human Evolution* 18, p. 433-59.

_____. 1989b. *Peacemaking among Primates*. Cambridge, MA: Harvard University Press.

_____. 1991. Complementary methods and convergent evidence in the study of primate social cognition. *Behaviour* 118, p. 297-320.

_____. 1996. *Good Natured: The Origins of Right and Wrong in Human and Other Animals.* Cambridge, MA: Harvard University Press.

de Waal, F. B. M. 1997a. *Bonobo: The Forgotten Ape.* Berkeley, CA: University of California Press.

_____. 1997b. The Chimpanzee's Service Economy: Food for Grooming. *Evolution & Human Behavior* 18, p. 375-386.

_____. 1998 [1982]. *Chimpanzee Politics: Power and Sex among Apes.* Baltimore, MD: John Hopkins University Press.

_____. 1999. Anthropomorphism and anthropodenial: Consistency in our thinking about humans and other animals. *Philosophical Topics* 27, p. 255-280.

_____. 2000. Primates – a natural heritage of conflict resolution. *Science* 289, p. 586-590.

_____. 2003. On the possibility of animal empathy. In *Feelings and Emotions: The Amsterdam Symposium*, ed. T. Manstead, N. Frijda, e A. Fischer, p. 379-399. Cambridge: Cambridge University Press.

_____. 2005. How animals do business. *Scientific American* 292(4), p. 72-79.

_____. 2005. *Our Inner Ape.* New York: Riverhead. [*Eu, primata: porque somos como somos.* São Paulo: Companhia das Letras, 2007.]

de Waal, F .B. M. e F. Aureli. 1996. Consolation, reconciliation, and a possible cognitive difference between macaque and chimpanzee. In *Reaching into Thought: The Minds of the Great Apes*, ed. A. E. Russon, K. A. Bard, e S. T. Parker, p. 80-110. Cambridge: Cambridge University Press.

de Waal, F. B. M. e L. M. Luttrell. 1988. Mechanisms of social reciprocity in three primate species: Symmetrical relationship characteristics or cognition? *Ethology & Sociobiology* 9, p. 101-118.

de Waal, F. B. M. e S. F. Brosnan. 2006. Simple and complex reciprocity in primates. In Cooperation in Primates and Humans: Mechanisms and Evolution, ed. P. M. Kappeler e C. P. van Schaik, p. 85-105. Berlin: Springer.

de Waal, F. B. M. e A. van Roosmalen. 1979. Reconciliation and consolation among chimpanzees. *Behavioral Ecology & Sociobiology* 5, p. 55-66.

Decety, J. e T. Chaminade. 2003a. Neural correlates of feeling sympathy. *Neuropsychologia* 41, p. 127-138.

_____. 2003b. When the self represents the other: A new cognitive neuroscience view on psychological identification. *Consciousness and Cognition* 12, p. 577-596.

Desmond, A. 1994. *Huxley: From Devil's Disciple to Evolution's High Priest*. New York: Perseus.

Dewey, J. 1993 [1898]. *Evolution and ethics*. Reprinted in Evolutionary Ethics, ed. M. H. Nitecki e D. V. Nitecki, p. 95-110. Albany: State University of New York Press.

di Pellegrino, G., L. Fadiga, L. Fogassi, V. Gallese, e G. Rizzolatti. 1992. Understanding motor events: A neurophysiological study. *Experimental Brain Research* 91, p. 176-180.

Dimberg, U. 1982. Facial reactions to facial expressions. *Psychophysiology* 19, p. 643-647.

_____. 1990. Facial electromyographic reactions and autonomic activity to auditory stimuli. *Biological Psychology* 31, p. 137-147.

Dimberg, U., M. Thunberg, e K. Elmehed. 2000. Unconscious facial reactions to emotional facial expressions. *Psychological Science* 11, p. 86-89.

Dugatkin, L. A. 1997. *Cooperation among Animals: An Evolutionary Perspective*. New York: Oxford University Press.

Eibl-Eibesfeldt, I. 1974 [1971]. *Love and Hate*. New York: Schocken Books.

Eisenberg, N. 2000. Empathy and Sympathy. In *Handbook of Emotion*, ed M. Lewis e J. M. Haviland-Jones, p. 677-691. 2nd ed. New York: Guilford Press.

Eisenberg, N. e J. Strayer. 1987. *Empathy and Its Development*. New York: Cambridge University Press.

Fehr, E. e K. M. Schmidt. 1999. A theory of fairness, competition, and cooperation. *Quarterly Journal of Economics* 114, p. 817-868.

Feistner, A. T. C. e W. C. McGrew. 1989. Food-sharing in primates: A critical review. In *Perspectives in Primate Biology*, ed. P. K. Seth e S. Seth, vol. 3, p. 21-36 New Delhi: Today & Tomorrow's Printers and Publishers.

Flack, J. C., e F. B. M. de Waal. 2000. "Any animal whatever": Darwinian building blocks of morality in monkeys and apes. *Journal of Consciousness Studies* 7, p. 1-29.

Flack, J. C., M. Girvan, F. B. M. de Waal, e D. C. Krakauer. 2006. Policing stabilizes construction of social niches in primates. *Nature* 439, p. 426-429.

Flack, J. C., L. A. Jeannotte, e F. B. M. de Waal. 2004. Play signaling and the perception of social rules by juvenile chimpanzees. *Journal of Comparative Psychology* 118, p. 149-159.

Flack, J. C., D. C. Krakauer, e F. B. M. de Waal. 2005. Robustness mechanisms in primate societies: A perturbation study. *Proceedings of the Royal Society London B* 272, p. 1091-1099.

Frank, R. H. 1988. *Passions within Reason: The Strategic Role of the Emotions*. New York: Norton.

Freud, S. 1962 [1913]. *Totem and Taboo.* New York: Norton. [*Totem e tabu*. São Paulo: Companhia das Letras, 2012.]

_____. 1961 [1930]. *Civilization and its Discontents.* New York: Norton. [*O mal-estar na civilização*. São Paulo: Companhia das Letras, 2011.]

Gagneux, P., J. J. Moore, e A. Varki. 2005. The ethics of research on great apes. *Nature* 437, p. 27-29.

Gallese, V. 2001. The "shared manifold" hypothesis: From mirror neurons to empathy. In *Between Ourselves: Second-Person Issues in the Study of Consciousness*, ed. E. Thompson, p. 33-50. Thorverton, UK: Imprint Academic.

Gallup, G. G. 1982. Self-awareness and the emergence of mind in primates. *American Journal of Primatology* 2, p. 237-248.

Gauthier, D. 1986. *Morals by Agreement*. Oxford: Clarendon Press.

Ghiselin, M. 1974. *The Economy of Nature and the Evolution of Sex*. Berkeley: University of California Press.

Gintis, H., S. Bowles, R. Boyd, e E. Fehr. 2005. *Moral Sentiments and Material Interests*. Cambridge, MA: MIT Press.

Goodall, J. 1990. *Through a Window: My Thirty Years with the Chimpanzees of Gombe*. Boston: Houghton Mifflin. [*Uma janela para a vida: 30 anos com os chimpanzés da Tanzânia*. Rio de

Janeiro: Zahar, 1991.]

Gould, S. J. 1980. So cleverly kind an animal. In *Ever Since Darwin*, p. 260-267. Harmondsworth, UK: Penguin.

Gray, J. 2002. *Straw dogs: Thoughts on Humans and Other Animals*. London: Granta. [*Cachorros de palha: reflexões sobre humanos e outros animais*. Rio de Janeiro: Record, 2005.]

Greene, J. 2005. Emotion and cognition in moral judgement: Evidence from neuroimaging. In *Neurobiology of Human Values*, ed. J.-P. Changeux, A. R. Damasio, W. Singer, e Y. Christen, p. 57-66. Berlin: Springer.

Greene, J. e J. Haidt. 2002. How (and where) does moral judgement work? *Trends in Cognitive Sciences* 16, p. 517-523.

Greenspan, S. I. e S. G. Shanker 2004. *The First Idea*. Cambridge, MA: Da Capo Press.

Haidt, J. 2001. The emotional dog and its rational tail: A social intuitionist approach to moral judgment, *Psychological Review* 108, p. 814-834.

Hammock, E. A. D. e L. J. Young. 2005. Microsatellite instability generates diversity in brain and sociobehavioral traits. *Science* 308, p. 1630-1634.

Harcourt, A. H. e F. B. M. de Waal. 1992. *Coalitions and Alliances in Humans and Other Animals*. Oxford: Oxford University Press.

Hardin, G. 1982. Discriminating altruisms. *Zygon* 17, p. 163-186.

Hare, B., J. Call, e M. Tomasello. 2001. Do chimpanzees know what conspecifics know? *Animal Behaviour* 61, 139-151.

_____. 2006. Chimpanzees deceive a human competitor by

hiding. *Cognition*.

Hare, B., e M. Tomasello. 2004. Chimpanzees are more skilful in competitive than in cooperative cognitive tasks. *Animal Behaviour* 68, p. 571-581.

Harlow, H. F. e M. K. Harlow. 1965. The affectional systems. In *Behavior of Nonhuman Primates*, ed. A. M. Schrier, H. F. Harlow, e F. Stollnitz, p. 287-334. New York: Acad. Press.

Hatfield, E., J. T. Cacioppo, e R. L. Rapson. 1993. Emotional Contagion. *Current Directions in Psychological Science* 2, p. 96-99.

Hauser, M. D. 2000. *Wild Minds: What Animals Really Think*. New York: Holt.

Hebb, D. O. 1946. Emotion in man and animal: An analysis of the intuitive processes of recognition. *Psychological Review* 53, p. 88-106.

Hediger, H. 1955. *Studies in Psychology and Behaviour of Animals in Zoos and Circuses*. London: Buttersworth.

Hirata, S. 2006. Tactical deception and understanding of others in chimpanzees. In *Cognitive Development in Chimpanzees*, ed. T. Matsuzawa, M. Tomanaga, e M. Tanaka, p. 265-276. Tokyo: Springer Verlag.

Hirschleifer, J. 1987. In *The Latest on the Best: Essays in Evolution and Optimality*, ed. J. Dupre, p. 307-326. Cambridge, MA: MIT Press.

Hobbes, T. 1991 [1651]. *Leviathan*. Cambridge: Cambridge University Press. [*Leviatã*. São Paulo: Martins Fontes, 2014.]

Hoffman, M. L. 1975. Developmental synthesis of affect and cognition and its implications for altruistic motivation. *Developmental*

Psychology 11, p. 607-622.

Hoffman, M. L. 1982. Affect and moral development. *New Directions for Child Development* 16, p. 83-103.

Hornblow, A. R. 1980. The study of empathy. *New Zealand Psychologist* 9, p. 19-28.

Hume, D. 1985 [1739]. *A Treatise of Human Nature*. Harmondsworth, UK: Penguin. [*Tratado da natureza humana*. São Paulo: Unesp, 2001.]

Humphrey, N. 1978. Nature's psychologists. *New Scientist* 29, p. 900-904.

Huxley, T. H. 1989 [1894] *Evolution and Ethics*. Princeton: Princeton University Press.

Joyce, R. 2006. *The Evolution of Morality*. Cambridge, MA: MIT Press.

Kagan, J. 2000. Human morality is distinctive. *Journal of Consciousness Studies* 7, p. 46-48.

Kahneman, D. e C. R. Sunstein. 2005. Cognitive psychology and moral intuitions. In *Neurobiology of Human Values*, ed. J.-P. Changeux, A. R. Damasio, W. Singer, e Y. Christen, p. 91-105. Berlin: Springer.

Katz, L. D. 2000. *Evolutionary Origins of Morality: Cross-Disciplinary Perspectives*. Exeter, UK: Imprint Academic.

Kennedy, J. S. 1992. *The New Anthropomorphism*. Cambridge: Cambridge University Press.

Killen, M. e L. P. Nucci. 1995. Morality, autonomy and social conflict. In *Morality in Everyday Life: Developmental Perspectives*, ed. M. Killen e D. Hart, p. 52-86. Cambridge: Cambridge University Press.

Kropotkin, P. 1972 [1902]. *Mutual Aid: A Factor of Evolution.* New York: New York University Press. [*Ajuda mútua: um fator de evolução.* São Sebastião, São Paulo: A Senhora, 2009.]

Kuroshima, H., K. Fujita, I. Adachi, K. Iwata, e A. Fuyuki. 2003. A capuchin monkey (*Cebus apella*) recognizes when people do and do not know the location of food. *Animal Cognition* 6, p. 283-291.

Ladygina-Kohts, N. N. 2002 [1935]. *Infant Chimpanzee and Human Child: A Classic 1935 Comparative Study of Ape Emotions and Intelligence.* Ed. F. B. M. de Waal. New York: Oxford University Press.

Lipps, T. 1903. Einfühlung, innere Nachahmung und Organempfindung. *Archiv für die gesamte Psychologie* 1, p. 465-519.

Levenson, R. W. e A. M. Reuf. 1992. Empathy: A physiological substrate. *Journal of Personality and Social Psychology* 63, p. 234-246.

Lorenz, K. 1974. *Civilized Man's Eight Deadly Sins.* London: Methuen. [*Os oito pecados mortais do homem civilizado.* São Paulo: Brasiliense, 1988.]

MacIntyre, A. 1999. *Dependent Rational Animals: Why Human Beings Need the Virtues.* Chicago: Open Court.

MacLean, P. D. 1985. Brain evolution relating to family, play, and the separation call. *Archives of General Psychiatry* 42, p. 405-417.

Marshall Thomas, E. 1993. *The Hidden Life of Dogs.* Boston: Houghton Mifflin. [*A vida oculta dos cães.* Rio de Janeiro: Ediouro, 1995.]

Masserman, J., M. S. Wechkin, e W. Terris. 1964. Altruistic Behavior in Rhesus Monkeys. *American Journal of Psychiatry* 121, p. 584-585.

Mayr, E. 1997. *This Is Biology: The Science of the Living World.* Cambridge,

MA: Harvard University Press.

Mencius. Sem data [372-289 a.C.]. *The Works of Mencius*. Tradução para o inglês de Gu Lu. Shangai: Shangwu.

Menzel, E. W. 1974. A group of young chimpanzees in a one-acre field. In *Behavior of Non-human Primates*, ed. Schrier, A. M. e Stollnitz, F., vol. 5, p. 83-153. New York: Academic Press.

Michel, G. F. 1991. Human psychology and the minds of other animals. In *Cognitive Ethology: The Minds of Other Animals*, ed. C. Ristau, p. 253-272. Hillsdale, NJ: Erlbaum.

Midgley, M. 1979. Gene-Juggling. *Philosophy* 54, p. 439-458.

Mitchell, R., N. Thompson, e L. Miles. 1997. *Anthropomorphism, Anedoctes, and Animals*. Albany, NY: SUNY Press.

Moss, C. 1988. *Elephant Memories: Thirteen Years in the Life of an Elephant Family*. New York: Fawcett Columbine.

O'Connell, S. M. 1995. Empathy in chimpanzees: Evidence for Theory of Mind? *Primates* 36, p. 397-410.

Panksepp, J. 1998. *Affective Neuroscience: The Foundations of Human and Animal Emotions*. Oxford: Oxford University Press.

Payne, K. 1998. *Silent Thunder*. New York: Simon & Schuster.

Pinker, S. 1994. *The Language Instinct*. New York: Morrow. [*O instinto da linguagem: como a mente cria a linguagem*. São Paulo: Martins Fontes, 2002.]

Plomin, R., et al. 1993. Genetic change and continuities from fourteen to twenty months: The MacArthur longitudinal twin study. *Child Development* 64, p. 1354-1376.

Povinelli, D. J. 1998. Can animals empathize? Maybe not. *Scientific American*.

_____. 2000. *Folk Physics for Apes*. Oxford: Oxford University Press.

Premack, D. e G. Woodruff. 1978. Does the chimpanzee have a theory of mind? *Behavioral & Brain Sciences* 4, p. 515-526.

Preston, S. D. e F. B. M. de Waal. 2002a. The communication of emotions and the possibility of empathy in animals. In *Altruistic Love: Science, Philosophy, and Religion in Dialogue*, ed. S. G. Post, L. G. Underwood, J. P. Schloss, e W. B. Hurlbut, p. 284-308. Oxford: Oxford University Press.

_____. 2002b. Empathy: Its ultimate and proximate bases. *Behavioral Brain Sciences* 25, p. 1-72.

Prinz, W. e B. Hommel. 2002. *Common Mechanisms in Perception and Action*. Oxford: Oxford University Press.

Pusey, A. E. e C. Packer. 1987. Dispersal and Philopatry. In *Primate Societies*, ed. B. B. Smuts et al., p. 250-266. Chicago: University of Chicago Press.

Rawls, J. 1972. *A Theory of Justice*. Oxford: Oxford University Press. [*Uma teoria da justiça*. São Paulo: Martins Fontes, 2002.]

Reiss, D. e L. Marino. 2001. Mirror self-recognition in the bottlenose dolphin: A case of cognitive convergence. *Proceedings of the National Academy of Science* 98, p. 5937-5942.

Rimm-Kaufman, S. E. e J. Kagan. 1996. The psychological significance of changes in skin temperature. *Motivation and Emotion* 20, p. 63-78.

Roes, F. 1997. An interview of Richard Dawkins. *Human Ethology*

Bulletin 12 (1), p. 1-3.

Rothstein, S. I. e R. R. Pierotti. 1988. Distinctions among reciprocal altruism, kin selection, and cooperation and a model for the initial evolution of beneficent behavior. *Ethology & Sociobiology* 9, p. 189-209.

Sanfey, A. G., J. K. Rilling, J. A. Aronson, L. E. Nystrom, e J. D. Cohen. 2003. The neural basis of economic decision-making in the ultimatum game. *Science* 300, p. 1755-1758.

Schleidt, W. M. e M. D. Shalter. 2003. Co-evolution of humans and canids, an alternative view of dog domestication, p. *Homo homini lupus? Evolution and Cognition* 9, p. 57-72.

Seton, E. T. 1907. *The Natural History of the Ten Commandments*. New York: Scribner.

Shettleworth, S. J. 1998. *Cognition, Evolution, and Behavior*. New York: Oxford University Press.

Shilito, D. J., W. Shumaker, G. G. Gallup, e B. B. Beck. 2005. Understanding visual barriers: Evidence for Level 1 perspective taking in an orangutan, *Pongo pygmaeus. Animal Behaviour* 69, p. 679-687.

Silk, J. B., S. C. Alberts, e J. Altmann. 2003. Social bonds of female baboons enhance infant survival. *Science* 302, p. 1231-1234.

Silk, J. B., S. F. Brosnan, Vonk, J., Henrich, J., Povinelli, D. J., Richardson, A. S., Lambeth, S. P., Mascaro, J., e Schapiro, S. J. 2005. Chimpanzees are indifferent to the welfare of unrelated group members. *Nature* 437, p. 1357-1359.

Simon, H. A. 1990. A mechanism for social selection and successful altruism. *Science* 250, p. 1665-1668.

Singer, P. 1972. Famine, affluence and morality. *Philosophy & Public Affairs* 1, p. 229-243.

Singer, T., B. Seymour, J. O'Doherty, K. Holger, R. J. Dolan, e C. D. Frith. 2004. Empathy for pain involves the affective but not sensory components of pain. *Science* 303, p. 1157-1162.

Smith, A. 1937 [1759]. *A Theory of Moral Sentiments*. New York: Modern Library. [*Teoria dos sentimentos morais*. São Paulo: WMF Martins Fontes, 1999.]

Sober, E. 1990. Let's razor Ockham's Razor. In *Explanation and Its Limits*, ed. D. Knowles, p. 73-94. Royal Institute of Philosophy Suppl. vol. 27, Cambridge University Press.

Sober, E. e D. S. Wilson. 1998. *Unto Others: The Evolution and Psychology of Unselfish Behavior*. Cambridge, MA: Harvard University Press.

Taylor, C. E. e M. T. McGuire. 1988. Reciprocal altruism: Fifteen years later. *Ethology & Sociobiology* 9, p. 67-72.

Taylor, S. 2002. *The Tending Instinct*. New York: Times Books.

Todes, D. 1989. *Darwin without Malthus: The Struggle for Existence in Russian Evolutionary Thought*. New York: Oxford University Press.

Tomasello, M. 1999. *The Cultural Origins of Human Cognition*. Cambridge, MA: Harvard University Press.

Tomita, H., M. Ohbayashi, K. Nakahara, I. Hasegawa, e Y. Miyashita. 1999. Top-down signal from prefrontal cortex in executive control of memory retrieval. *Nature* 401, p. 699-703.

Trevarthen, C. 1993. The function of emotions in early infant communication and development. In *New Perspectives in Early*

Communicative Development, ed. J. Nadel e L. Camaioni, p. 48-81. London: Routledge.

Trivers, R. L. 1971. The evolution of reciprocal altruism. *Quarterly Review of Biology* 46, p. 35-57.

VandeBerg, J. L. e S. M. Zola. 2005. A unique biomedical resource at risk. *Nature* 437, p. 30-32.

van Hooff, J. A. R. A. M. 1967. The facial displays of the Catarrhine monkeys and apes. In *Primate Ethology*, ed. D. Morris, p. 7-68. Chicago: Aldine.

van Schaik, C. P. 1983. Why are diurnal primates living in groups? *Behaviour* 87, p. 120-144.

von Uexküll, J. 1909. *Umwelt und Innenwelt der Tiere*. Berlin: Springer.

Waller B. N. 1997. What rationality adds to animal morality. *Biology & Philosophy* 12, p. 341-356.

Warneken, F. e M. Tomasello. 2006. Altruistic helping in human infants and young chimpanzees. *Science* 311, p. 1301-1303.

Watson, J. B. 1930. *Behaviorism*. Chicago: University of Chicago Press.

Watts, D. P., F. Colmenares, e K. Arnold. 2000. Redirection, consolation, and male policing: How targets of aggression interact with bystanders. In *Natural Conflict Resolution*, ed. F. Aureli e F. B. M. de Waal, p. 281-301. Berkeley: University of California Press.

Wechkin, S., J. H. Masserman, e W. Terris. 1964. Shock to a conspecific as an aversive stimulus. *Psychonomic Science* 1, p. 47-48.

Westermarck, E. 1912 [1908]. *The Origin and Development of the Moral Ideas*, vol. 1. 2nd ed. London: MacMillan.

Westermarck, E. 1917 [1908]. *The Origin and Development of the Moral Ideas*, vol. 2. 2nd ed. London: MacMillan.

Whiten, A., V. Horner, e F. B. M. de Waal. 2005. Conformity to cultural norms of tool use in chimpanzees. *Nature* 437, p. 737-740.

Wicker, B., C. Keysers, J. Plailly, J. P. Royet, V. Gallese, e G. Rizzolatti. 2003. Both of us disgusted in my insula: The common neural basis of seeing and feeling disgust. *Neuron* 40, p. 655-664.

Williams, G. C. 1988. Reply to comments on "Huxley's Evolution and Etics in Sociobiological Perspective". *Zygon* 23, p. 437-438.

Williams, J. H. G., A. Whiten, T. Suddendorf, e D. I. Perrett. 2001. Imitation, mirror neurons and autism. *Neuroscience and Biobehavioral Reviews* 25, p. 287-295.

Wilson, E. O. 1975. *Sociobiology: The New Synthesis*. Cambridge, MA: Harvard University Press.

Wispé, L. 1991. *The Psychology of Sympathy*. New York: Plenum.

Wolpert, D. M., Z Ghahramani, e J. R. Flanagan. 2001. Perspectives and problems in motor learning. *Trends in Cognitive Sciences* 5, p. 487-494.

Wrangham, R. W. e D. Peterson. 1996. *Demonic Males: Apes and the Evolution of Human Aggression*. Boston: Houghton Mifflin.

Wright, R. 1994. *The Moral Animal: The New Science of Evolutionary Psychology*. New York: Pantheon. [*O animal moral: por que somos como somos? - A nova ciência da psicologia evolucionista*. Rio de Janeiro: Campus, 1996.]

Yerkes, R. M. 1925. *Almost Human*. New York: Century.

Zahn-Waxler, C., B. Hollenbeck, e M. Radke-Yarrow. 1984. The origins of empathy and altruism. In *Advances in Animal Welfare Science*, ed. M. W Fox e L. D. Mickley, p. 21-39. Washington, DC: Humane Society of the United States.

Zahn-Waxler e M. Radke-Yarrow. 1990. The origins of empathic concern. *Motivation and Emotion* 14, p. 107-130.

Zahn-Waxler, M. Radke-Yarrow, E. Wagner, e M. Chapman. 1992. Development of concern for others. *Developmental Psychology* 28, p. 126-136.

Zajonc, R. B. 1980. Feeling and thinking: Preferences need no inferences. *American Psychologist* 35, p. 151-175.

_____. 1984. On the primacy of affect. *American Psychologist* 39, p. 117-123.

AUTOR

Frans de Waal nasceu na Holanda e tornou-se um biólogo/etólogo conhecido por seu trabalho sobre a inteligência social dos primatas. Seu primeiro livro, *Chimpanzee Politics* (1982), comparou as práticas de socialização e conspiração de chimpanzés envolvidas nas lutas pelo poder com as dos políticos humanos. Desde então, ele tem traçado paralelismos entre o comportamento dos primatas e o comportamento humano, desde a pacificação e a moralidade até a cultura. Seus estudos científicos são publicados em centenas de artigos técnicos em revistas como *Science*, *Nature*, *Scientific American* e publicações especializadas em comportamento animal. Frans de Waal também é editor ou coeditor de nove obras científicas. Seus sete livros de divulgação, traduzidos para mais de doze línguas, tornaram-no um dos pesquisadores de primatas mais respeitados do mundo. Frans de Waal é Professor C. H. Candler no Departamento de Psicologia da Universidade de Emory e diretor do Living Links Center no Yerkes National Primate Center, em Atlanta, Geórgia. Foi eleito membro da Academia Nacional de Ciências (Estados Unidos) e da Real Academia Holandesa de Ciências.

COMENTARISTAS

Philip Kitcher é Professor John Dewey de Filosofia na Universidade de Colúmbia. É autor de nove livros, incluindo, mais recentemente, *In Mendel's Mirror: Philosophical Reflections on Biology* (Oxford, 2003); *Finding an Ending: Reflections on Wagner's Ring* (em colaboração com Richard Schacht, Oxford, 2004) e *Life without God: Darwin, Design, and the Future of Faith* (a ser publicado pela Oxford University Press). Foi presidente da Associação Filosófica Americana (Divisão do Pacífico) e editor chefe da revista *Philosophy of Science*. É membro da Academia Americana de Artes e Ciências.

Christine M. Korsgaard concluiu seu bacharelado na Universidade de Illinois e seu doutorado em Harvard, onde estudou com John Rawls. Foi professora em Yale, na Universidade da Califórnia, em Santa Bárbara, e na Universidade de Chicago, antes de assumir seu cargo atual em Harvard, onde é Professora Arthur Kingsley Porter de Filosofia. É autora de dois livros. *Creating the Kingdom of Ends* (Cambridge, 1996) é uma coleção de ensaios, publicados anteriormente, sobre a filosofia moral de Kant. *The Sources of Normativity* (Cambridge, 1996), exploração das visões modernas sobre a base da obrigação, é uma versão ampliada de suas Conferências

Tanner sobre Valores Morais de 1992. Autora de um livro sobre as conexões entre a metafísica da agência, os padrões normativos que governam a ação e a constituição da identidade pessoal, intitulado *Self-Constitution: Agency, Identity, and Integrity*; e outra coleção de ensaios sob o título de *The Constitution of Agency: Essays on Practical Reason and Moral Psychology* (ambos publicados pela Oxford).

Stephen Macedo (apresentador) escreve e ensina teoria política, ética, constitucionalismo norte-americano e política pública com ênfase no liberalismo, justiça e no papel das escolas, sociedade civil e política pública na promoção da cidadania. Foi o primeiro diretor do Programa de Direito e Administração Pública da Universidade de Princeton (1999-2001). Recentemente foi vice-presidente da Associação Americana de Ciências Políticas e presidente de seu primeiro Comitê para Educação e Compromisso Cívicos, tendo sido nessa função o principal coautor de *Democracy at Risk: How Political Choices Undermine Citizenship and What We Can Do About It* (2005). Seus livros incluem *Diversity and Distrust: Civic Education in a Multicultural Democracy* (2000); e *Liberal Virtues: Citizenship, Virtue, and Community in Liberal Constitutionalism* (1990). É coautor e coeditor de *American Constitutional Interpretation*, terceira edição, com W. F. Murphy, J. E. Fleming e S. A. Barber. Entre suas obras editadas estão *Educating Citizens: International Perspectives on Civic Values and School Choice* (2004) e *Universal Jurisdiction: International Courts and the Prosecution of Serious Crimes under International Law* (2004). Macedo lecionou na Universidade de Harvard e na Maxwell School da Universidade de Syracuse. Obteve seu bacharelado no College of William and Mary, seu mestrado na London School of Economics e na Universidade de Oxford e seu mestrado e doutorado na Universidade de Princeton.

Josiah Ober (apresentador), ex-Professor David Magie '97 Class of 1897 de Línguas Clássicas na Universidade de Princeton, hoje é Professor Constantine Mitsotakis de Ciência Política e Línguas Clássicas na Universidade de Stanford. Seus ensaios, reunidos em *Athenian Legacies: Essays on the Politics of Going on Together*, foram publicados pela Princeton University Press em 2005. Além de seu trabalho sobre conhecimento e inovação na Atenas democrática, Ober se interessa pela relação entre a democracia como capacidade natural humana e sua associação com a responsabilidade moral.

Peter Singer formou-se na Universidade de Melbourne e na Universidade de Oxford. Em 1997, foi nomeado para a cátedra de Filosofia na Universidade Monash, em Melbourne e posteriormente foi fundador e o primeiro diretor do Centro de Bioética Humana dessa mesma universidade. Em 1999, tornou-se Professor Ira W. DeCamp de Bioética. Peter Singer foi o presidente fundador da Associação Internacional de Bioética e, com Helga Kuhse, coeditor fundador da revista *Bioethics*. Tornou-se conhecido internacionalmente após a publicação de *Animal Liberation*. Seus livros incluem *Democracy and Disobedience*; *Practical Ethics*; *The Expanding Circle*; *Marx*; *Hegel*; *The Reproduction Revolution* (com Deane Wells); *Should the Baby Live?* (com Helga Kuhse); *How Are We to Live?*; *Rethinking Life and Death*; *One World*; *Pushing Time Away*; e *The President of Good and Evil*. Seus trabalhos foram publicados em vinte línguas. É autor do principal artigo sobre ética na edição atual da *Enciclopédia Britânica*.

Robert Wright é autor de *Nonzero: The Logic of Human Destiny* e *The Moral Animal: Evolutionary Psychology and Everyday Life*, ambos publicados por Vintage Books. *The Moral Animal* foi citado por *The New York Times Book Review* como um dos doze melhores livros de 1994 e foi publicado em doze línguas. *Nonzero* foi citado como Livro de Destaque de *The New York Times Book Review* no ano 2000 e foi publicado em nove línguas. O primeiro livro de Wright, *Three*

Scientists and Their Gods: Looking for Meaning in an Age of Information, foi publicado em 1988 e indicado para o prêmio do *National Book Critics*. Wright é editor de *New Republic*, *Time* e *Slate*. Escreveu também para *Atlantic Monthly*, *The New Yorker* e *The New York Times Magazine*. Trabalhou na revista *The Sciences*, na qual sua coluna "The Information Age" foi agraciada com o prêmio The National Magazine Award for Essay and Criticism.

ÍNDICE REMISSIVO

A

adaptação aprendida, 68

adoção de perspectiva, 97-101

altruísmo: círculo em expansão da moralidade e, 196-197; definição na biologia, 210-211; dimensões do, 159-160; egoísmo versus, intencionalidade para distinguir, 210-214; empatia e compaixão, relação entre, 54-55; evolução do, como destaque para a moralidade humana, 172; exemplos em primatas, 56-60; paternalista e não paternalista, distinção entre, 159; recíproco, emoções amáveis retributivas como paralelismo ao, 46; recíproco, motivações emocionais versus congitivas de, 115-118; taxonomia do, 213; tendências de ajuda recíproca como alternativa para a seleção de grupos, 41-42. Ver também compaixão/comportamento compassivo, empatia

altruísmo psicológico: de animais não humanos, práticas morais humanas e, 161-164; explicação evolucionária da moralidade e, 169-170; dominação evolucionária da tendência de ser "caprichoso" como uma chave para seres humanos, 167-169; limitação em chimpanzé, 164-167; noção de, 156-160; tipos de, 160

animais não humanos: antropomorfismo nas explicações do comportamento dos, ver antropomorfismo; alta estima de Hume pelos, 94; autointeresse, questão de motivação por, 133-134; direitos dos, ver direitos dos animais; empatia nos, ver empatia; intencionalidade dos, ver intencionalidade;

moralidade humana como distinta de ou contínua com, debate a respeito, 17-24, 32-33, 40-47, 79-80, 113-114, 130, 134-135, 147-150, 171-173 (ver também altruísmo psicológico, intencionalidade, níveis de moralidade); primatas, ver primatas; reciprocidade dos, ver reciprocidade; teste em animais, ver pesquisa médica

antropocentrismo, 21

antropomorfismo: chimpanzés, linguagem de apropriada para, 113-127; científico distinto do sentimental, 21; debate sobre, 21; definições de, 91; dilema a respeito do, 87-96; explicação unitária das semelhanças versus antroponegação, 93-94; linguagem emocional versus cognitiva, 114-119; linguagem emocional versus cognitiva, preferências por, 118-122, 125-126; medo de, sufocamento da pesquisa sobre emoções em animais, por, 51; parcimônia cognitiva versus parcimônia evolucionária, 89-92; rótulo reprovador à linguagem partilhada, 201

antroponegação, 21, 93, 96, 134

Aquino, Tomás de, 44

Aristóteles, 29, 44, 135

Aureli, F., 61-62

autismo, 64-66

autoconsciência, 62, 144-147

autoengano, 37

autointeresse/egoísmo: altruísmo versus intencionalidade na distinção de, 210-213; animais não humanos e, 133-134, presença de, superestimar, 79; uso do(s) termo(s), 39-40, 210-211; teoria do revestimento e, 15, 36-38, 130-134, 152-153

autorreconhecimento no espelho, 63

aversão à injustiça 71-76, 205n

Axelrod, Robert, 156n

B

Baron-Cohen, S., 64

Beethoven, o erro de, 85

behaviorismo: e antropomorfismo, 95; ciência do, ver ciência comportamental

Bekoff, Marc, 182

Binti Jua (gorila fêmea), 59, 63

biólogos, preferência dos, por explicações de baixo para cima, 50-51

biólogos evolucionistas: egoísmo na seleção natural, ênfase excessiva, 15; o erro de Beethoven, 85; teoria do revestimento, aceitação da, 32 (ver também teoria do revestimento da moralidade humana)

Boehm, C., 81

Bogart, Humphrey, 180

bondade humana, ver moralidade

bonecas russas, 19, 49, 63-67

Bonnie, K. E., 71

bonobos: como parente mais próximo dos seres humanos, 101; adoção de perspectiva pelos, 99-101. Ver também símios

Butler, Joseph, 131

C

"caprichosos", 22, 133, 167

Cavalieri, Paola, 182

Cheney, D. L., 93

Chimp Haven (santuário nacional de chimpanzés), 108

chimpanzés: altruísmo dos, limites no, 163-167; ato de consolar em, 60-62; autoconsciência de, 21; auxílio dirigido, 68; bem-estar de outros membros do grupo, preocupação com, 209n4; comportamento malcriado de, 87-89; cuidados parentais, perda de filhotes em, 51; empatia, exemplos de, 56-60; linguagem antropomórfica apropriada para, 113-122, 125-127; parentes mais próximos dos seres humanos, 101; partilha de alimentos em, 69-71; perdão e reconciliação em, 45; pesquisa médica e, 107-108; reciprocidade em, 69-71, 201-202; regras sociais seguidas por, 202-205; sistema de vingança dos, 43-44; teoria da mente em, 97-98; vida emocional dos, 104; violência entre comunidades, 81-82. Ver também primatas

Church, R. M., 55

ciência comportamental: behaviorismo e antropomorfismo, 94-96; o problema do antropomorfismo, ver antropomorfismo; parcimônia cognitiva versus evolucionária como dilema na, 89-91

compaixão/comportamento compassivo: chimpanzés, 57; como emoção involuntária natural, 78; Darwin sobre, 40-41; definição de, 53; em animais não humanos, ignorado, 50-51; empatia levando ao, 17-19. Ver também empatia

comportamentos emocionais, ver respostas/comportamentos emocionais

Confúcio, 76

contágio emocional, 17-18, 52-56, 67

consolar; 60-63

Cooper, Anthony Ashley (Conde de Shaftesbury), 137

crianças, desenvolvimento da moralidade em, 84

D

Damásio, A., 65

Darwin, Charles: autogoverno normativo, significado da capacidade de, 145-147; comportamento moral, definição de, 129; Huxley e, 15, 33-34; Kropotkin e, 38; moralidade como a melhor distinção entre homens e animais, 174; sobre a moralidade humana, 34, 40-43, 151-152, 182; teoria da ética sentimentalista e, 155

Dawkins, Richard, 35, 48, 181

de Waal, Frans: adoção de perspectiva em símios, 99-101; altruísmo no argumento e pesquisa de, 156-157, 161-163, 165-166; antroponegação, 21, 134; chimpanzés, estudos de, 69-71, 114-115; comportamento de consolar, documentação de, 60-62; direitos dos animais, 183-189, 197-198; empatia/altruísmo/auxílio dirigido em primatas, exemplos de, 56-60; intencionalidade no comportamento animal, 136-138; linguagem antropomórfica, uso de, 113-114, 119-122, 126; modelo das bonecas russas, 63-67; moralidade humana, questão em relação a, 14-15, 129, 143, 147-149; observações comportamentais versus ideais normativos, problema explanatório de, 23-24; pesquisa de, 135, 151; senso de regularidade social, 71-72; sofrimento pessoal, exemplo de, 53-54; teoria do revestimento, crítica da, 15-16; teoria do revestimento e naturalista, distinção entre, 123, 129-130; teoria do revestimento, limitações da crítica da, 19-20, 152-155, 171-176, 181-182; teoria naturalista de, 16-19, 152; Wright, classificação de, 123-125, 208

Desmond, Adrian, 34

Dewey, John, 82, 164n, 169n

Diamond, Jared, 182

dilema do bonde, 22, 178-180

direitos dos animais: ceticismo em relação a, 103-105, 185-187, 197-198; obrigações humanas para com os animais não humanos, 149-150, 186-189, 198; pesquisa médica e, ver pesquisa médica; Projeto dos Grandes Símios, 182-183, 185; respostas ao ceticismo em relação a, 184-185

E

egoísmo/autointeresse: altruísmo versus intencionalidade na distinção de, 210-213; animais não humanos e, 133-134, presença de, superestimar, 79; uso do(s) termo(s), 39-40, 210-211; teoria do revestimento e, 15, 36-38, 130-134, 152-153

elefantes, 60

emoções retributivas, 44-47, 71

empatia: animais sociais, 51-56; autointeresse da teoria do revestimento, como contradição com, 208-209; base neural da, 65-66; chimpanzés, 57; compaixão e, 53-55 (ver também compaixão/comportamento compassivo); cognitiva, 62-68; como componentes básicos da moralidade, 47; comportamento de consolar, 60-63; contágio emocional e, 17-18, 51-55, 67; em animais não humanos, ignorada, 50-51; ética de testes/estudos em animais, 107-108; modelo das bonecas russas de, 63-68; na teoria moral sentimentalista, 155-156, 162-164; origem da, 49-51; reiterada, 50; resposta emocional, como uma forma de, 17; Smith sobre, 41, 145-146; sofrimento, respostas de símios e macacos, 56-60

equidade, 74-76, 161-162

espectadorismo: 22

evolução: bondade humana, reconciliação de um conflito presumido com, ver teoria do revestimento da moralidade humana; continuidade em seres humanos e animais na, 134-135; continuidade na, 49-50; cultural e desenvolvimento da capacidade de altruísmo psicológico, 167-169; empatia e continuidade na, 50-51; Huxley como defensor da teoria de Darwin da, 15; moralidade humana como produto da, 32-33, 39-43, 76-79, 85-86 (ver também teoria naturalista da moralidade humana); origem da moralidade humana e, adequação da explicação de Frans de Waal em relação a, 153-155, 159-160, 169-170 (ver também origens da moralidade, altruísmo psicológico); seleção natural, ver seleção natural; socialidade em humanos, 30-31

expectativas, 71-76;

explicações de baixo para cima, 50-51

F

fala, ver linguagem

Foot, Phillippa, 178n

Fouts, Deborah, 182

Fouts, Roger, 182

Frankfurt, Harry, 22, 133, 167

Freud, Sigmund, 34-35, 135, 145n.14

G

Gallup, G. G., 63

Gauthier, D., 79

Georgia (chimpanzé), 87-89, 96

Ghiselin, M., 36-37, 208

Gibbard, Allan, 167n

golfinhos, 60, 63

Goodall, Jane, 56, 59-60, 182, 189

Gould, Stephen Jay, 28, 155, 170

graça divina, 14-15

gratidão, 71

Gray, J., 209n5

Greene, J. D., 177-180

Greenspan, S. I., 50

guerra, 82

H

Haidt, Jonathan, 48, 83

Hamilton, W. D., 156n

Harlow, H. F., 55
Hebb, D. O., 93
Hediger, H., 87
hipótese do marcador somático, 65
Hobbes, Thomas, 15, 29-30
Hume, David: animais, alta estima por, 94; razão como escrava das paixões, 83; sentimentos morais, discussão dos, 45; teoria moral sentimentalista, 137, 155-156, 163-164; uniformidade explicativa entre espécies preconizada por, 93-95
Humphrey, N., 97
Hutcheson, Francis, 137
Huxley, Thomas Henry: crítica da crítica de Frans de Waal de, 153, 173-174; metáfora do jardineiro para caracterizar a moralidade humana, 15, 82, 153, 169; moralidade e evolução, tentativa de causar um desacordo entre, 209; origem da teoria do revestimento no dualismo de, 33-37, 79

I

institutos nacionais de saúde, 108
intencionalidade: a questão da, 136-137; capacidade do mais alto nível de, como singular a seres humanos, 147-148; capacidade do mais alto nível de, e emergência da moralidade, 143-147; níveis de, e ação moral, 138-143; no comportamento altruísta, 210-214; teorias sentimentalistas (e de Waal) em relação a, 137-138. Ver também altruísmo psicológico
interesse pela comunidade, 80-83
intersubjetividade, 97, ver também teoria da mente
intuições, ver respostas/comportamentos emocionais

J

Joyce, R., 209

K

Kagan, J., 59
Kant, Immanuel, 132, 141-143, 147-148, 173, 181, 186
Kaou Tsze, 77

Kennedy, J. S., 92-93

Kitcher, Philip: altruísmo intencional em mamíferos não humanos, evidências limitadas, 211-212; aversão à desigualdade, 205n; equidade em símios, questões de 18-20; motivos atrás do comportamento, importância de conhecer, 22, 204-205, 211; teoria da macicez, 154-155; teoria do revestimento, sobre, 207-208, 209-210

Korsgaard, Christine M., 20, 22, 124, 207-208, 211

Kravinsky, Zell, 187

Kropotkin, Petr, 38

L

Ladygina-Kohts, N. N., 56-57

lealdade, 197-198

linguagem: agenda de aprendizado de, moralidade como paralelismo, 198-199; autoconsciência e, 147; descontinuidade entre seres humanos e animais em relação à, 20; empatia e, 50-51; evolução da, e as origens da moralidade, 167-168

Lipps, T., 65

Luit, 119-120, 203n

M

Macaca: agressão redirigida 44; ato de consolar em macacos do gênero, 62; controle social em, 203; necessidade da mãe de aprender a perspectiva da prole, 67. Ver também primatas

macacos-pregos: expectativas e equidade em, 72-76; partilha de alimento entre, 69; testes de ver-saber, aprovação, 99. Ver também primatas

macacos *Rhesus*: contágio emocional em filhotes, 53-54; empatia em, 56. Ver também primatas

Masserman, J., 56

Mayr, E., 38

mecanismo de percepção-ação, 64-67, 78

memória, 50

Mêncio, 76-79, 84

mente, teoria da, ver teoria da mente

Menzel, E. W., 97

Miles, Lyn White, 182

moralidade: altruísmo e, 172 (ver também altruísmo); círculo em expansão da, 196-197; como um fenômeno orientado para o grupo, 80-82, 193-197; convenções sociais e, distinção entre, 194-195; emoções como fundamentais para, 18, 42, 44-47, 123-127 (ver também respostas/comportamentos emocionais); emoções morais, definição, 46-47; explicações normativas versus descritivas da, 22-24; funções da, 194-196, 206; intencionalidade e, ver intencionalidade; lealdade e, 197; Mêncio, sobre, 76-79; níveis de, ver níveis de moralidade; obrigações dos seres humanos para com animais não humanos, 148-150; origens da, ver origens da moralidade; premissas partilhadas na discussão de, 13-14; questão de por que razão somos tão apegados à, 14-15; racionalidade versus emoções/intuições em, 82-85; razão e, 176-182; sentimentalista e o "chamariz de Hume-Smith", 155-156, 163-164 (ver também altruísmo psicológico); vieses nos julgamentos morais, 125-127; universabilidade da, 19

moralidade humana, ver moralidade

Mozi, 176

MPA, ver mecanismo de percepção-ação

N

Nagel, Thomas, 131, 133n

natureza humana/dos humanos: altruísmo de, ver altruísmo; autoconsciência de, 144-148; capacidade de autonomia/autogoverno, 143; caráter social da, 29-32, 145-147; concepções autônomas/racionais versus sociais/emocionais em relação a, 29-32; continuidade com outros animais, questão de, 17-24, 32-33, 40-47, 79-80, 113-114, 130, 134-135, 147-150, 171-172 (ver também intencionalidade, níveis de moralidade, altruísmo psicológico); egoísmo e autointeresse de, ver egoísmo/autointeresse; homens, vantagens do estabelecimento de conexões por meio do casamento para, 31; moralidade de, ver moralidade, teoria naturalista da moralidade humana, teoria do revestimento da moralidade humana; mulheres, conhecimento da primazia do estabelecimento de conexão com, 31; obrigações para com animais não humanos, 148-150 (ver também direitos dos animais); paixões na, 75; parente mais próximo, bonobo ou chimpanzé como, 101; pressão social que reforça normas morais, 204-206; pressuposto associal da, 29-30, 32, 172; raciocínio moral, 206-207

neurociência: representações partilhadas entre o eu e o outro, estudo de, 210; teoria naturalista da moralidade humana e, 82-84, 177-180

Nietzsche, Friedrich, 135, 145n14

Nishida Toshisada, 182

níveis de moralidade: agenda de aprendizado evolucionária, 199-201; julgamento e raciocínio, 200, 206-207; pressão social, 200-206; sentimentos morais ou "componentes básicos", 199-202

O

O'Connell, S. M., 56-57

origens da moralidade: continuidade ou distinção entre seres humanos e animais não humanos e as, 17-24, 32-33, 40-47, 79-80, 113-114, 130, 134-135, 147-150, 171-172 (ver também altruísmo psicológico, intencionalidade, níveis de moralidade); Darwin sobre, 39-43; evolução e, adequação das, explicação de Frans de Waal sobre, 152-155, 160, 169-170; evolução cultural e, 167-169; Freud e Nietzsche sobre, 145n14; Smith e Darwin sobre, 145-147; teoria naturalista das, ver teoria naturalista da moralidade humana; teoria do revestimento, ver teoria do revestimento da moralidade humana; teoria do revestimento naturalista, 114, 125-127; teorias do revestimento e naturalista comparadas, 48

P

paradigma do adivinhador-versus-conhecedor, 97

parcimônia: antropomórfica, princípio da, 122-123; cognitiva, 89-90, 92; cognitiva versus evolucionária, 89-91; evolucionária, 90

Parfit, Derek, 131

Patterson, Francine, 182

perdão, 45;

pesquisa médica: invasiva, seleção de espécies para a, 106; não invasiva, 107-108; sentimentos conflitantes em relação a, 198; símios, argumento para o status especial dos, 106-108. Ver também direitos dos animais

Platão, 173

Premack, D., 58, 97

pressão social, 202-206

Preston, S. D., 64-65

primatas: altruísmo dos, 211-213 (ver também altruísmo); antropomorfismo nas explicações do comportamento dos, ver antropomorfismo; assistência parental, evolução da empatia e, 51; ato de consolar por símios e macacos, 60-63; auxílio dirigido em símios e macacos, 67-68; chimpanzés, ver chimpanzés; coalizões e alianças em, 46; comunicação emocionalmente mediada, 52-56; empatia em, ver empatia; macacos do gênero *Macaca*, ver *Macaca*; macacos-pregos, ver macacos-pregos; macacos *Rhesus*, ver macacos *Rhesus*; migração intergrupal em, 42; reciprocidade e equidade/justiça em, 69-76; resolução de conflitos em, 45; sofrimento, respostas dos símios e macacos ao, 56-60. Ver também símios.

princípio da parcimônia antropomórfica: 123

Projeto dos Grandes Símios, 182-183, 185

proteção contra agressão, 45

Proudhon, Pierre-Joseph, 195

psicologia evolucionista, 114

R

racionalidade/razão: autoconsciência e, 144; celebração ocidental da, 32; humana como parcialmente ilusória, 211-212; moralidade e, 176-182, 206-207; nos julgamentos morais, emoções/intuições versus, 82-85; teoria do revestimento e, 130-131 (ver também egoísmo/autointeresse)

Rawls, John, 29-31, 206

reciprocidade: a regra de ouro e a moralidade, no centro da, 76; chimpanzés, 69-71, 201-202; como componente básico da moralidade, 47; como componente básico da teoria naturalista da moralidade humana, 80; definição de, 39; equidade/justiça e, 69-76; indireta, 46, 206

reconciliação, 45

relativistas morais, 14

religião, 14-15, 209n5

respostas/comportamentos emocionais: comunicação em primatas não humanos e, 51-56; em não humanos, 17-18 (ver também animais não humanos); empatia, ver empatia; expectativas e equidade, estudo de, 71-76; linguagem antropomórfica e, 115-122, 126; moral, definição de, 46; moralidade humana e, origens de, 18, 32 (ver também moralidade); raciocínio e tomada de decisão, relação com, 44-45; racionalidade versus, em julgamentos morais, 82-85; reciprocidade, ver reciprocidade; retributivos, 45-47, 71; tendências ocidentais na caracterização de, 31-32; ressentimento empático, 45

Ruse, Michael, 154n

S

seleção, processo evolucionário da, ver seleção natural

seleção natural: bondade humana, como fonte de, 16, 85-86; como componente básico da teoria naturalista da moralidade humana, 80; grupo versus indivíduo e parentesco, 40-43; motivações emocionais e estratégias para o comportamento, dificuldades de resolver, 115-122; o erro de Beethoven em relação a, 85; rejeição de Huxley da, para explicar a moralidade, 38 (ver também teoria do revestimento da moralidade humana). Ver também evolução

seleção por parentesco, ver seleção natural

Seyfarth, R. M., 93

Shaftesbury, Conde de, ver Cooper, Anthony Ashley

Shanker, S. G., 50

Sidgwick, Henry, 131

símios: bonobos, 99-101; chimpanzés, ver chimpanzés; seres humanos e, comparação em relação aos níveis de moralidade, 200; uso de, na pesquisa médica, 106-108; status especial para os, 106-107, 187-189; teoria da mente em, 97-101. Ver também primatas

Singer, Peter: círculo da moralidade de Frans de Waal e a extensão da moralidade para os animais, 19-20; conclusões de, similaridade com as de Frans de Waal, 198; dilema do bonde, 22-23; perspectiva imparcial/ desinteressada, significado da, 204; riqueza aumenta a obrigação, 183n; teoria do revestimento, defesa limitada da, 208; toda dor é igualmente relevante, 195

Smith, Adam: autogoverno, significado moral da capacidade de, 145; capacidade empática, descrição de, 58; espectador imparcial de, 47, 175,

177, 186; sobre a compaixão, 41, 78; sobre a empatia, 155-156, 163-164
Sober, Elliott, 37-38, 161n
socialidade humana, ver natureza humana
sofrimento pessoal, 53-54

T

teoria da macicez, 154-155, 199

teoria da mente, 21, 58, 64, 97-101

teoria do agente/escolha racional, 14, 71

teoria do contrato social, 15, 29-31, 172

teoria do revestimento da moralidade humana: crítica de Frans de Waal da crítica da, 152-155; críticas da crítica de Frans de Waal, 19, 151-155, 172-176, 181-182; críticas da, 15-17, 130-134, 207-210; dualismo, 34-36; empatia e reciprocidade, discussão sobre, 49; origem e desenvolvimento da, 33-39; origem da moralidade como uma escola na discussão sobre, 15-16, 32-33, 79-80, 114, 123; posição de Wright na, 123-125, 208; teoria naturalista, comparação com, 48; tipo ideal de, 15-16; variação naturalista sobre, ver teoria do revestimento naturalista da moralidade humana; variações na aceitação pelos comentaristas, 19-20

teoria do revestimento naturalista da moralidade humana, 114; 125-127

teoria naturalista da moralidade humana: afastamento dos biólogos evolucionistas da, o erro de Beethoven e, 85; emoções versus racionalidade nos julgamentos morais, 82-85; empatia e reciprocidade como componentes básicos da moralidade, 46-47 (ver também empatia, reciprocidade); interesse pela comunidade como um elemento da, 80-82, 86; origem da moralidade como uma escola no debate sobre, 16-19, 80, 113-114, 123; teoria do revestimento, comparação com, 48; Westermarck sobre as origens da moralidade, 43-47

testes em animais, ver pesquisa médica

Thomas, Marshall, 92-93

Trivers, Robert L., 38, 71, 156n

V

Van Roosmalen, A., 60-61

W

Wechkin, S., 56

Westermarck, Edward: compaixão como emoção natural, 78; emoção amável retributiva, classificação da gratidão como, 71; emoções retributivas, ênfase nas, 76; equidade/justiça desinteressada, 76; sentimentos morais e emoções como naturais, 29; sentimentos morais e emoções não morais, distinção entre, 174; sobre a origem da moralidade, 43-47, 48

Williams, George C., 35, 48

Williams, J. H. G., 64

Wilson, David Sloan, 37-38, 161n

Wilson, Edward, 48

Wilson, E. O., 154n, 214

Wise, Steven M., 103

Woodruff, G., 58, 97

Wright, Robert, 19-20, 36, 48, 201, 208

Y

Yerkes, R. M., 56

Yeroen, 119

Z

Zahn-Waxler, C., 54-55

FSC
www.fsc.org
MISTO
Papel produzido
a partir de
fontes responsáveis
FSC® C133282

Texto composto na fonte Eskorte Latin.
Impresso em papel Pólen 80gr pela Gráfica PAYM